마술 핸드북 4

Magical llusions, Conjuring Tricks, Amazing Puzzles and Stunning Stunts
: Nick Einhorn Teaches 200 Fabulous Tricks in 1300 Step−By−Step Pictures
by Nick Einhorn
Original copyright © 2007 Nick Einhorn
This original edition was published in English by Anness Publishing Ltd., UK
Korean translation copyright © 2011 Samho Media, Korea
This Korean edition was arranged with Anness Publishing Ltd
through Best Literary & Rights Agency, Korea
All rights reserved.

마술 핸드북 4

클로즈업 마술&착시 마술

MAGICAL ILLUSIONS CONJURING TRICKS
AMAZING PUZZLES & STUNNING STUNTS

니콜라스 아인혼 지음 | 정지현 옮김

삼호미디어
samho MEDIA

들어가는 글

당신의 마음을 한번 읽어 보겠다. 당신은 분명 이 책을 한 번 훑어보면서 마음에 드는 몇 가지 마술에 대해 읽어 보았을 것이다. 그렇다면 마술을 배우고자 하는 욕구가 있다는 증거이니 무척 좋은 징조이다. 욕구는 행동의 원동력이 되는 법이다. 나는 당신이 그저 이 책을 읽는 데서 그치기를 바라지 않는다. 이 책을 가득 채운 여러 가지 마술에 생명을 불어넣어 주기를 바란다. 그리고 그것은 약간의 노력만 있으면 가능하다. 당신이 이 책의 마술을 가족이나 친구를 비롯해 주변 사람들에게 마술을 선보인다면 당신뿐만 아니라 보는 이들 역시 큰 즐거움을 느낄 것이다.

이 책이 당신이 처음 접하는 마술책이라면 다행한 일이다. 또한 마술에 대해 조금 알고 있는 사람일지라도 여러 가지 새로운 마술과 퍼즐, 트릭을 배우고 나눌 수 있는 좋은 기회가 될 것이다. 이 책의 장점은 큰돈이 들지 않는 도구를 이용하는 마술을 소개한다는 점이다. 이미 가지고 있는 기본적인 도구들을 순서대로 사용하기만 하면 된다.

4000년이 넘는 오랜 세월 동안 마술이 살아남을 수 있었던 이유는 비밀을 지키는 마술사들의 노력 덕분이었다. 만약 그 비밀이 대중에게 알려졌다면 마술은 이미 오래 전에 자취를 감추고 말았을 것이다. 하지만 고대의 기술은 아직까지도 그대로 살아남아 발전을 거듭하고 있다. 당신도 비밀을 지켜야만 마술이 앞으로도 계속 마술이 그 생명력을 이어갈 수 있을 것이다.

파티에서 카드를 이용해 클로즈
업 마술을 보여 주는 마술사. 몰려
드는 관객들을 마술에 참여시키
기도 한다.

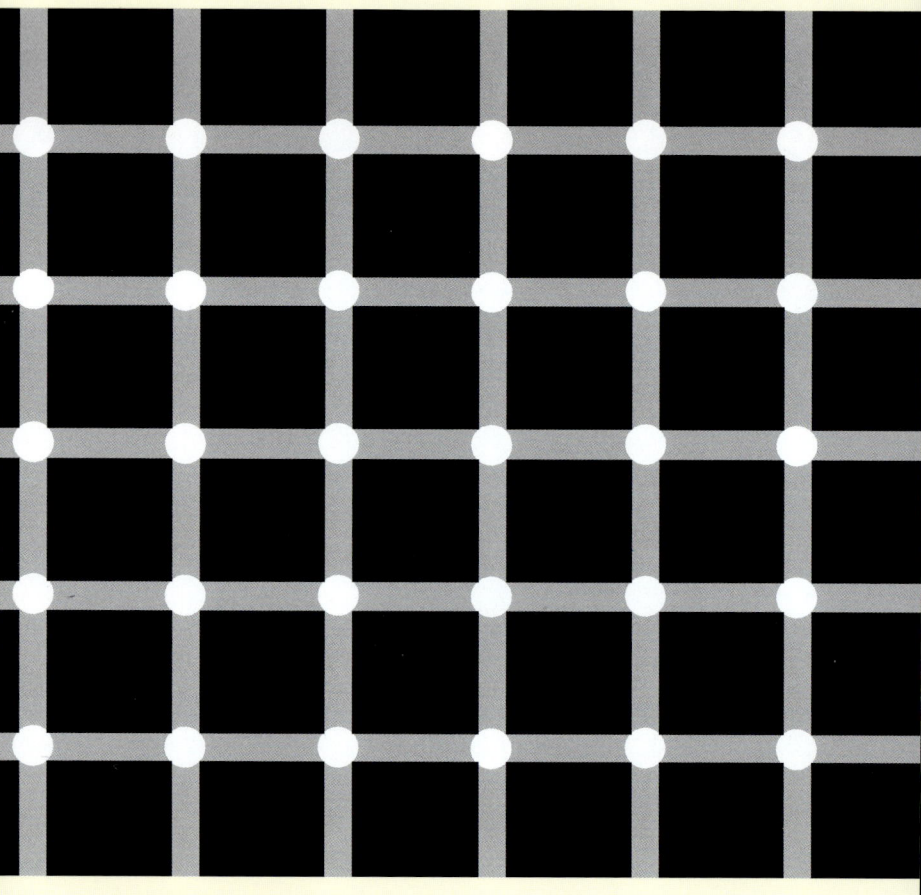

위쪽의 그림을 바라보자. 검은 점
이 하얀 동그라미 안에서 점프하
는 것처럼 보이는가? '착시 마술'
편에는 움직이거나 변하는 것처
럼 보이는 이미지가 다수 수록되
어 있다.

이 책에서 소개하는 마술들은 쉽게 배울 수 있다는 장점이 있다. 하지만 그렇다고 사람들이 마술의 비밀을 쉽게 알아챌 수 있는 것은 아니다. 간단하게 보이는 마술이 사람들에게 얼마나 큰 감명을 줄 수 있는지 잊지 않길 바란다. 내가 가장 좋아하는 마술은 아주 간단하지만 사람들에게 큰 놀라움과 즐거움을 선사하는 마술이다. 마술의 방법을 익힌 후에는 특별한 동작을 기억하려 애쓰지 말고, 성공 여부에 대해 걱정하지도 말고 최대한 즐겁게 시연하는 것에 초점을 맞춰 최선을 다해야 한다.

이 책은 '클로즈업 마술'부터 시작한다. 클로즈업 마술은 시연하기 쉬워 아마추어 마술사들이 가장 선호한다. 일상에서 흔히 볼 수 있는 저렴한 도구로도 값비싼 장치에 뒤지지 않는 놀라운 효과를 낼 수 있다.

이 책은 단순히 마술의 비밀을 알려 주는 것만으로 그치지 않는다. 훌륭한 마술사라면 마술의 방법을 아는 것 외에도 사람들이 어떻게 착각에 빠지게 되는지 역시 알아야 한다. '착시 마술'에서는 눈이 일으키는 착각에 대해 설명하고 그와 관련된 마술을 소개할 것이다. 평면의 이미지가 마치 움직이거나 크기가 바뀌는 것처럼 보일 수 있다.

첫 시도만으로 당신도 속아 넘어갈 만큼 멋진 마술을 배우고 싶은가? 손수건이나 면으로 된 냅킨을 준비하고 이 책에서 '손수건에서 사라지는 동전(vanishing coin in handkerchief)' 마술을 찾아 보자. 책을 통해 마술을 배우는 것이 얼마나 흥미로운 일인지 알 수 있을 것이다.

차례

Part 02 착시 마술　138

Part
01

클로즈업 마술

Part 01에는 40가지가 넘는 마술이 수록되어 있다. 대부분 주변에서 흔히 볼 수 있는 물건으로 별다른 준비 없이 시연할 수 있는 마술이다. 간단한 손기술을 이용하는 마술에서부터 약간의 기술만 익히면 시연이 가능한 마술 등이 다양하게 실려 있어 연습한 뒤 곧바로 사람들에게 선보일 수 있다.

본문 중 secret view는 마술사의 트릭을 담은 사진으로 관객에게는 보이지 않는 장면이다.

관객과 호흡하는 클로즈업 마술

클로즈업 마술은 관객 앞에서 직접 시연하는 마술로 지폐나 동전, 손수건, 펜, 과일, 열쇠, 카드, 끈처럼 작고 친숙한 물체를 사용한다. 따라서 마술사는 작은 물체를 다루는 방법을 익혀 마술에 활용해야 한다. '클로즈업 마술'이라는 이름은 20세기에 몇몇 마술사들이 큰 인기를 끌면서 붙여지게 되었다.

다이 버논(Dai Vernon, 1894~1992)은 캐나다에서 태어나 미국으로 건너가 활동했다. 초창기 그는 자신만의 손기술을 만들어, 누구의 마술에도 절대 속지 않는다고 장담하던 마술사 해리 후디니(Harry Houdini)를 깜짝 놀라게 했다. 버논이 몇 번이고 계속해서 그 기술을 보여 주어도 후디니는 속임수를 눈치채지 못했다. 누군가는 버논이 일곱 번까지 시연했다

고 말한다. 버논은 할리우드의 매직 캐슬(Magic Castle)에서 더 많은 공연을 펼치기 위해서 1960년대에 로스앤젤레스로 건너갔다. 세계에서 찾아온 관광객들이 그의 공연을 보기 위해 매직 캐슬로 몰려들었고 사람들은 이내 그를 프로페서(the professor)라고 불렀다. 그의 가장 유명한 마술은 '링 연결하기(chinese linking rings)'와 전설적인 '컵 앤 볼 (cups and balls)'이다. 그는 마술의 역사에 영원히 남을 중요한 인물로 그의 유골함은 매

리키 제이(Ricky Jay)는 세계 최초로 손기술에 대해 설명한 사람이다. 그는 007 시리즈 네버 다이(Tommorow Never Dies) 악당 헨리 굽타(Henry Gupta) 역을 비롯해 수많은 영화에 출연한 배우이기도 하다.

직 캐슬에 전시되어 있다.

1902년에 출간된 S. W. 어드네이즈(S. W. Erdnase)의 『카드 테이블의 전문가(the expert at the card table)』에는 예전에는 잘 알려져 있지 않았던 카드 동작과 카드 게임에 사용하는 속임수가 설명되어 있었다. 하지만 그 책의 내용보다 사람들의 관심을 끌었던 건 책의 저자가 누구냐에 관한 것이었다. S. W. 어드네이즈는 처음부터 존재하지 않는 인물이었다. 그 이름의 철자를 거꾸로 쓰면 E. S. 앤드루스(E. S. Andrews)가 된다는 사실이 단서가 되기도 했지만, 책을 쓴 사람이 누구인지는 아직까지 밝혀지지 않았다.

카드 마술에 대한 여러 가지 새로운 시각을 담고 있는 이 책은 에드 말로(Ed Marlo, 1913~1991)를 비롯한 많은 마술사들에게 영향을 끼쳤다. 말로는 다양한 물체를 사용한 마술을 선보였지만 그중에서도 특히 카드 마술이 그의 전문 분야였다. 그는 당시 남들보다 앞서는 새로운 기술로 카드 마술의 대표 주자가 되었으며 2000가지가 넘는 손기술과 마술을 발표했다. 당시에는 카드 마술이 도박에서 사용하는 속임수로 많이 활용되었기 때문에 마술사와 전문 도박꾼들이 정보를 주고받는 일이 많았다. 실제로 다이 버논은 도박에 사용되는 트릭을 모아서 자신의 마술에 활용했다. 토니 슬리디니(Tony Slydini, 1901~1991)는 클로즈업 마술의 또 다른 전설이다. 이탈리아에서 출생한 슬리디니는 1930년경에 미국으로 건너갔다. 그는 이스트 코스트(East Coast)가 매직 캐슬의 전설인 다이 버논에 대적하기 위해 내놓은 마술사이기도 했다. 슬리디니는 미스디렉션(misdirection, 잘못된 지시라는 뜻으로 마술의 기본이 되는 심리 기술)을 활용해 관객을 착각에 빠뜨리는 심리학적 소재를 적극 활용했다. 그는 최초로 심리학을 마술의 전략으로 활용하는 법을 가르쳤으며 그 방식은 아직까지 활용되고 있다. 그가 전하고자 했던 가장 중요한 메시지는 손기술을 자연스럽게 실행하라는 것이었다. 몰래 동전을 쥐고 있더라도 손 모양을 자연스럽게 하면 아무도 눈치채지 못한다. 하지만 이것은 결코 쉬운 일이 아니다. 자연스럽게 하려 할수록 오히려 부자연스러워 보인다. 오므린 손끝에 동전을 놓고 손에 아무 것도 없는 것처럼 보이도록 행동해 보면 절대로 쉬운 일이 아닌 것을 알 수 있다.

슬리디니는 당시 마술사들에게 자연스러운 연기와 심리학적 지식을 이용해 효과적으로 마술을 시연할 수 있는 계기를 만들어 주었다. 어떻게 보면 그의 마술은 손이 눈보다 빨라야 한다는 마술의 고정관념과 대조를 이른다. 느린 동작이라도 제대로만 시연하면 완벽한 마술을 선보일 수 있기 때문이다.

오늘날 클로즈업 마술은 가장 인기 있는 마술이다. 방법이 간단해 짧은 시간에 배우기 쉽고 별다른 마술 재료가 필요하지 않아 시연의 기회 역시 다양하기 때문이다.

지난 50년 동안 마술은 방식과 기술의 발달로 눈부시게 성장했다. 매일 새로운 마술과 도구가 발명되지만 대부분은 기존의 마술을 어설프게 모방하거나 개선한 것에 불과한 경우가 많다. 현실적으로 개선되기는커녕 예전보다 못한 것들도 있다. 또한 다양한 마술 용품이 넘쳐나 누구나 쉽게 마술을 배울 수 있게 되었다. 취미로 마술을 즐기는 사람들뿐만 아니라 전문 마술사들조차 손기술 대신 특수한 도구를 거리낌 없이 사용하는 세태이지만 여전히 전통적인 방식을 고수하는 이들도 적지 않다.

◀훌륭한 마술사이자 발명가였던 토미 원더. 새롭고 창조적인 그의 마술은 전 세계에서 열린 마술 대회에서 크게 사랑받았다.

▼마이클 아머는 FISM 1위를 수상한 마술사이다. 데이비드 카퍼필드(David Copperfield)와 지그프리트 앤 로이(Siegfried & Roy), 더그 헤닝(Doug Henning), 마이클 잭슨(Michael Jackson)의 마술 컨설턴트를 담당하기도 했다. 세계적으로 인기 있는 마술 강사로 여러 권의 저서를 발표했다.

세계적으로 뛰어난 클로즈업 마술사로는 미국의 리키 제이(Ricky Jay)와 빌 말론(Bill Malone), 마이클 아머(Michael Ammar), 데이비드 로스(David Roth), 스페인의 후안 타마리즈(Juan Tamariz), 영국의 가이 홀링워스(Guy Hollingworth), 스웨덴의 레나르트 그린(Lennart Green), 그리고 네덜란드의 토미 원더(Tommy Wonder)를 대표적으로 꼽는다.

FISM(Federation Internationale des Societes Magiques, 세계마술사연맹)은 세계 최고의 마술사들이 3년에 한 번씩 개최해 자신의 기량과 실력을 선보이는 축제이다. 매회 다른 국가에서 개최되는 마술계의 올림픽과도 같은 자리이다. FISM이 개최하는 가장 흥미로운 행사는 최고의 마술사를 가려내는 마술 경합대회인 FISM 그랜드 프릭스(FISM Grand PRIX)이다. 2003년에 네덜란드 헤이그에서 열린 대회는 필자의 마술 경력 중 가장 힘들고 조마조마했던 경험으로 남아 있다. 필자는 캐나다 출신의 숀 파쿠하(Shawn Farquhar)와 함께 클로즈업 마술 부문 공동 2위를 차지했다. 1위는 미국의 제이슨 라티머(Jason Latimer)였다.

이 파트에서 소개하는 여러 마술은 지금까지 그랬던 것처럼 앞으로도 세계 최고의 마술사에 의해 시연될 기술들이다. 자, 이제부터 직접 클로즈업 마술을 배워보도록 하자. 열심히 연습하면 당신도 FISM 수상자가 될지도 모르는 일이다. 누구나 시작은 존재하는 법이니 말이다.

01 자석 지폐

magnetic money

순식간에 시연하는 빠른 마술이다. 지폐 양면을 두 장을 보여 준 후 테이블에 십자 모양으로 놓고 정전기를 일으키는 것처럼 문지른다. 위쪽 지폐를 들어 올리면 마치 자석에 붙은 철조각처럼 아래 지폐도 따라 올라간다. 지폐를 분리해서 확인한다.

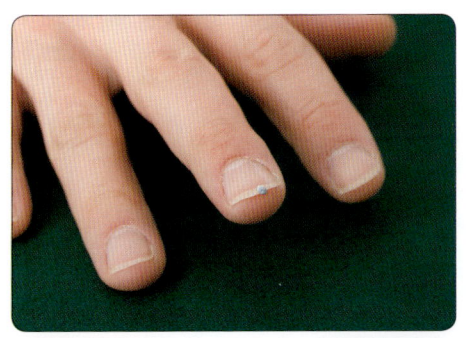

1 재사용할 수 있는 접착제를 준비해 가운뎃손가락 끝에 붙인다. 지폐 두 장은 미리 준비하거나 관객에게 빌린다. 빳빳한 신권일수록 효과적이다. 접착제는 지폐와 비슷한 색깔인 것으로 준비한다.

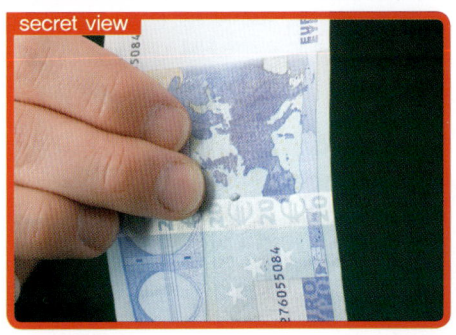

2 손으로 지폐를 잡으면서 그중 한 장의 중간에 접착제를 붙인다. 이 동작은 관객이 눈치채지 못하게 재빠르게 해야 한다.

3 접착제가 붙은 지폐를 테이블에 놓고 그 위에 다른 지폐를 십자 모양으로 올린다. 접착제가 지폐 사이에 놓이게 된다.

4 정전기를 일으키는 것처럼 지폐를 누른 뒤 문질러서 서로 붙인다.

5 지폐를 테이블 중앙에 두고 위쪽 지폐의 양 끝을 잡고 들어올린다.

6 위쪽 지폐를 천천히 들어 올리면 아래쪽 지폐가 붙은 채 따라온다.

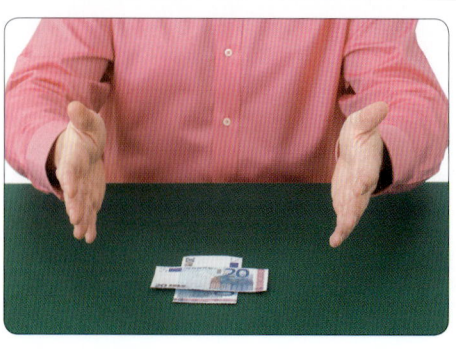

7 테이블에 내려놓는다.

8 지폐를 떼어 놓고 정전기를 없애는 것처럼 다시 문지른다.

secret view

9 지폐를 테이블에서 들어 올리면서 오른쪽 가운뎃손가락으로 접착제를 떼어 낸다.

10 마지막으로 관객에게 지폐를 주고 살펴보게 한다. 이때 접착제가 완전히 제거되어 지폐에 이상이 없는 상태여야 한다.

02 사라진 펜

pen-go

종이로 펜을 감싸고 종이를 천천히 찢으면 펜이 감쪽같이 사라진다. 사실 펜은 사라진 것이 아니라 마술사가 몰래 소매 안에 넣어 두는 것이다. 이 마술은 '풀(pull)'이라는 기술을 이용해 펜이 사라지는 것처럼 연출한다. 이것은 관객이 글씨를 쓰는 마술에서 활용하면 더욱 효과적이다.

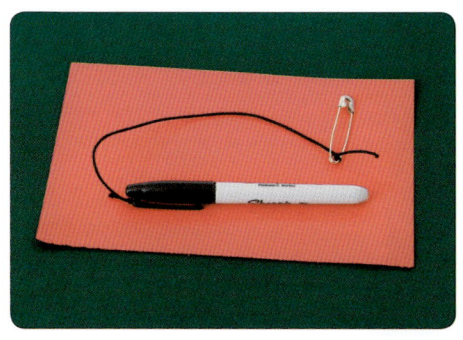

1 길이 약 30cm의 고무줄에 펜 뚜껑을 매단다(팔 길이에 따라 고무줄 길이 조절). 고무줄 끝에 옷핀을 묶어 놓는다. 종이는 펜보다 약간 더 길어야 한다.

2 고무줄이 느슨한 상태일 때 펜이 팔뚝 바로 아래까지 내려오도록 오른쪽 소매 안에 옷핀을 꽂아 놓는다. 마술을 시작할 때 펜을 소매 아래로 당기고 뚜껑을 잡고 있어야 한다. 펜을 사용하기 위해 건네줄 때는 뚜껑을 잡아당긴다. 펜을 돌려받은 후 다시 뚜껑을 닫고 고무줄을 오른쪽 소매 뒤에 숨기도록 한다.

3 앞에서 고무줄이 보이지 않도록 종이로 펜을 감싼다. 사진은 뒤에서 보았을 때 펜이 종이 귀퉁이에 놓인 모습이다.

4 고무줄이 손에 완전히 가려져 관
   객에게는 보이지 않는다.

secret view

5 종이로 펜을 느슨하게 감싼다.

secret view

6 오른손으로 펜과 종이를 느슨하게
   잡는다.

secret view

7 종이로 감싼 펜이 소매 속으로 들어가도록 한다. 종이는 여전히 돌돌 말린 모양이다.

8 종이를 반으로 찢고 더 작게 찢는다. 종잇조각을 공중에 날려 멋지게 마무리한다.

03 빈손으로 전구 켜기

let there be light

관객에게 전구를 보여 준 후 주먹에 끼워 넣자 불이 들어온다. 잠시 후 '스위치'를 끄고 관객에게 보여 주어 아무런 장치도 되어 있지 않음을 확인시킨다. 텅 빈 손을 펼쳐 보여 박수를 받는다. 이 마술에도 풀(pull)이 필요하다.

1 약 30cm 길이 고무줄의 한쪽 끝에 옷핀을 달고 다른 쪽에는 소형 손전등을 달아 풀(pull)을 준비한다. 손전등은 스위치를 위아래로 미는 식보다 버튼식이 좋다. 불투명한 전구도 준비한다.

secret view

2 고무줄이 느슨한 상태에서 손전등이 팔꿈치 아래까지 오도록 오른쪽 소매 안에 옷핀을 꽂는다. 관객에게 전구를 주고 살펴보게 한다. 그사이 사진처럼 손전등을 잡는다. 이 동작을 관객이 눈치채지 못하도록 열심히 연습한다.

3 관객에게 전구를 받아 사진처럼 오른손으로 잡는다. 왼손에 아무것도 없음을 보여 준 후 가볍게 주먹을 쥔다.

4 사진은 전구의 뒷면에 손전등을 갖다 댄 모습이다. 앞에 있는 관객에게는 보이지 않는다.

5 왼손에 전구를 천천히 끼워 넣는 시늉을 한다. 이때 오른쪽 손가락으로 몰래 스위치를 눌러 손전등을 켜면 정말 전구를 끼워 넣은 것처럼 불이 들어온다.

6 주먹에서 전구를 빼낼 때 손전등을 끄고 왼손에 아무 것도 없음을 보여 준다.

secret view

7 왼손을 보여 줄 때 손전등이 오른손에서 소매 안으로 들어가도록 한다.

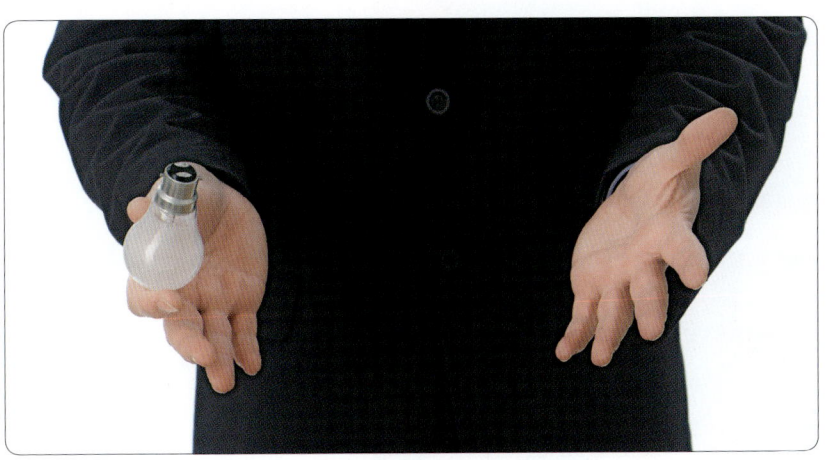

8 마지막으로 양손을 펴서 아무런 이상이 없음을 보여 준다.

TIP

이 마술은 스테이지에서도 활용할 수 있다. 또한 풀(pull)을 가지고 다니면 테이블 램프에서 전구를 빼내어 즉석에서 시연할 수도 있다. 이때에는 램프 스위치를 끄고 플러그를 뽑은 다음에 전구를 빼내고 나중에 도로 끼워 넣어야 한다. 전구는 오래 켜 두면 뜨거워진다는 사실도 잊지 않아야 한다.

컵받침을 통과하는 동전

coin through coaster

컵받침으로 컵을 덮은 상태에서 동전이 컵받침과 컵을 통과한다. 열심히 연습하면 동전이 컵받침으로 녹아내리는 것 같은 완벽한 마술을 보여 줄 수 있다. 이 책에서 가장 어려운 마술일 수도 있지만 그만큼 놀라운 효과를 자랑한다. 컵과 컵받침, 똑같은 동전 2개가 필요하다.

1 오른손 끝에 몰래 동전을 둔 상태에서 왼손으로 컵받침을 잡는다.

2 오른손으로 동전과 컵받침을 함께 들어 컵받침으로 동전을 가린다.

3 이제 동전이 보이지 않도록 주의하면서 컵받침의 양면을 보여 주는 동작을 배울 차례다. 손을 돌려 컵받침 반대쪽을 보여 줄 때 손가락을 구부려 동전이 손의 뒤로 미끄러지도록 하여 컵받침이 최대한 많은 부분이 드러나도록 한다. 그런 다음 손을 돌려서 다시 동전과 컵받침을 함께 잡는다.

4

왼손 끝으로 두 번째 동전을 보여 주는 동시에 컵받침을 컵 위로 가져간다. 사진에서는 컵받침 아래 놓인 동전이 보이지만 실제로 시연할 때는 완벽히 숨겨야 한다.

5

컵받침을 올려놓으면서 왼손의 동전으로 컵 옆을 살짝 두드린다. 이때 재빨리 오른손의 동전을 컵 테두리와 컵받침 사이에 놓는다. 숨긴 동전이 컵 테두리에 닿으면서 나는 소리가 왼손의 동전을 두드리는 소리와 겹쳐 들리지 않는다.

6

오른손 엄지와 검지로 동전을 잡아 관객에게 보여 주고 왼손으로는 컵받침을 잡는다.

7

오른손 엄지와 검지 사이에 놓인 동전으로 컵받침을 세 번 두드린다. 세 번째 두드릴 때 동전을 꽉 쥐고 옆쪽으로 확 올려 잡아 오른손 손가락 뒤로 숨긴다(이 동작을 '핀치 배니시(pinch vanish)'라고 한다). 그와 동시에 왼손 첫 엄지로 뒤쪽에서 컵받침을 들어 동전을 밀어 넣는다. 동전이 컵으로 쨍그랑 하고 떨어진다.

8 사진은 동전이 컵받침을 뚫고 통과하는 것처럼 연출할 때 당신에게만 보이는 모습이다.

9 쨍그랑 소리가 들리자마자 왼손으로 컵받침을 든다.

10 오른손으로 컵받침을 들고 숨긴 동전을 컵받침 아래에 숨긴다. 컵을 기울여 눈에 보이는 동전을 테이블에 올려놓는다.

11 마지막으로 컵받침을 테이블에 놓고 숨긴 동전을 그 아래에 둔다. 양손을 모두 펴 숨기는 것이 없다는 것을 보여 준다.

05 줄에 걸린 링

ring on a string

링을 줄에 통과하게 만드는 마술이다. 링과 옷핀, 45cm 길이의 줄, 손수건이 필요하다. 스튜어트 제임스(Stewart James)가 만든 세파랄지아(sefalaljia) 효과에서 비롯되었다.

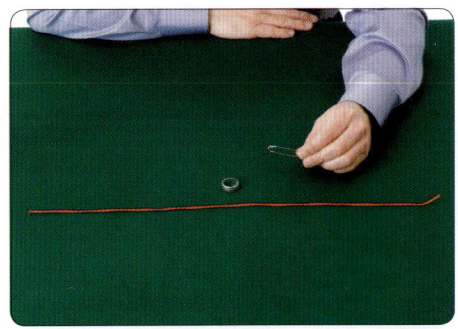

1 약 45cm 길이의 줄을 테이블에 놓는다. 링은 직접 준비하거나 관객에게 빌린다. 줄의 중간 지점에 링을 놓고 옷핀을 이용해서 줄에 걸어보겠다고 말한다.

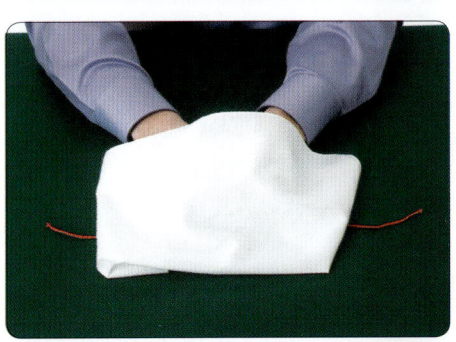

2 손수건으로 줄의 중간 부분을 덮는다. 줄의 양 끝을 관객이 볼 수 있어야 한다.

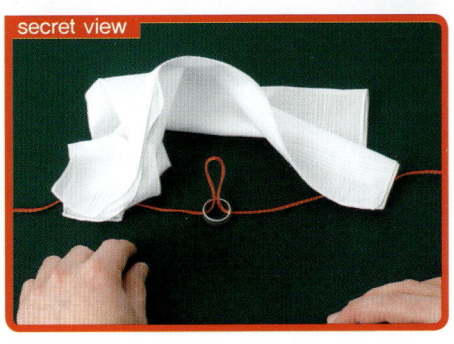

secret view

3 손수건으로 덮은 상태에서 링에 작은 고리를 만들어 집어넣는다.

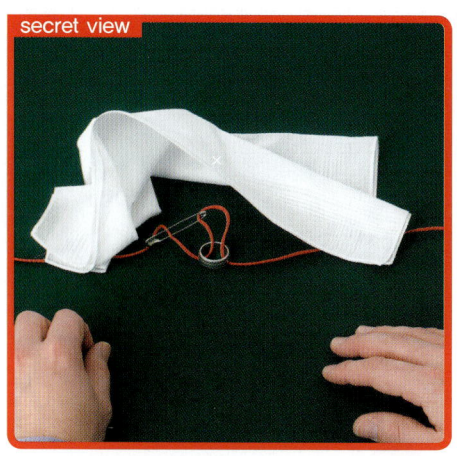

4 옷핀을 손수건 안으로 밀어 넣어 고리 왼쪽과 링 왼쪽 부분을 연결한다. 사진 속 X자가 적힌 부분과 같은 고리가 생긴다.

5 고리에 오른손 검지를 집어넣고 왼손으로는 줄의 왼쪽 끝을 잡는다.

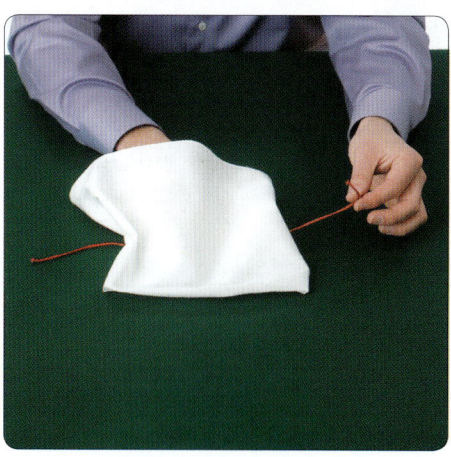

6 앞에서 바라본 모습이다. 줄의 양 끝이 계속 보이는 상태이므로 실제로 링을 줄에 걸 수는 없을 것이라고 관객에게 말한다.

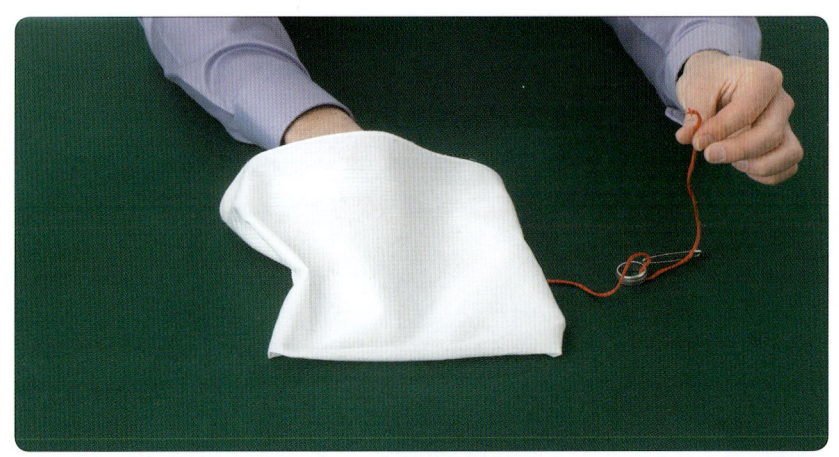

7 오른손은 그대로 둔 채 줄을 왼쪽으로 당긴다. 줄이 당겨지는 모습은 손수건에 가려 보이지 않는다.

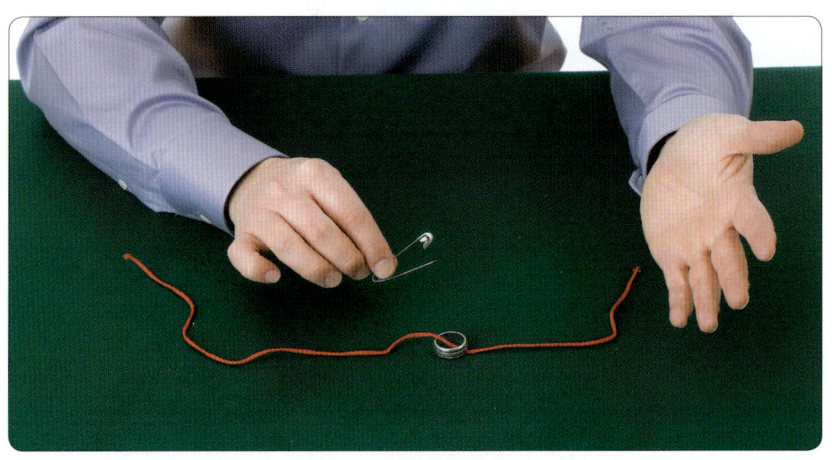

8 손수건을 걷어 내고 옷핀을 빼서 링이 줄에 걸린 것을 보여 준다.

줄에서 엽전 빼내기

Chinese coin off string

가운데 구멍이 뚫린 엽전을 줄에 끼운다. 관객이 줄의 양 끝을 잡은 상태에서 마술사가 동전을 빼낸다. '줄에 걸린 링(ring on a string)' 마술 다음에 시연하면 안성맞춤이다. 두 마술을 이어 루틴으로 만들면 잘 어울린다.

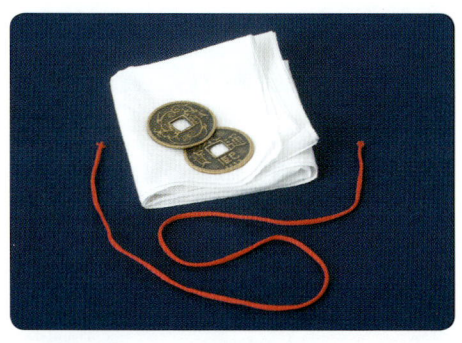

1 줄과 손수건, 가운데 구멍 뚫린 엽전 2개(똑같은 링 2개도 가능)가 필요하다. 엽전 하나를 오른손에 숨긴다. 마술을 하는 내내 관객에게 보이는 동전은 한 개 뿐이다.

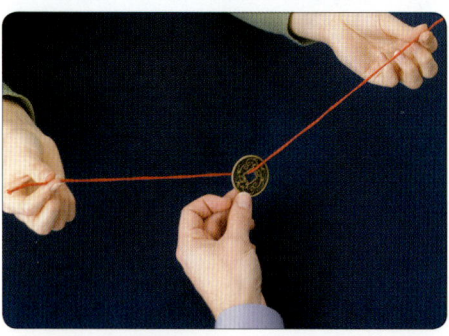

2 줄에 엽전을 끼우고 관객이 줄의 양 끝을 잡는다.

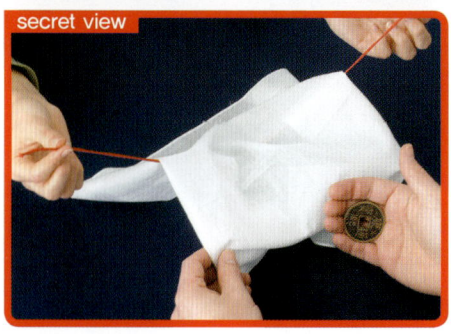

secret view

3 손수건으로 줄에 걸린 엽전을 가린다. 사진에서만 오른손에 숨긴 엽전이 보인다.

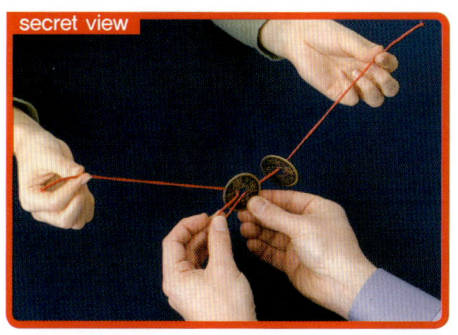

4 사진에서는 잘 볼 수 있도록 수건을 제거했지만 실제 마술에서는 손수건이 덮인 상태에서 줄에 매달리지 않은 엽전의 구멍으로 줄을 넣는다.

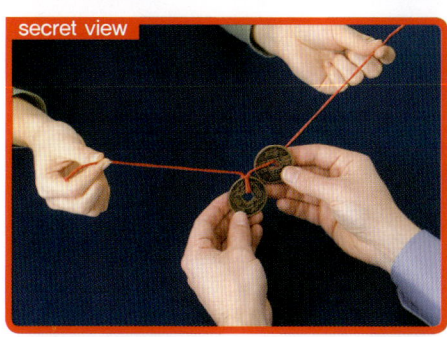

5 엽전이 사진과 같은 모습으로 매달리도록 엽전 위로 고리를 벌려 엽전을 넘긴다.

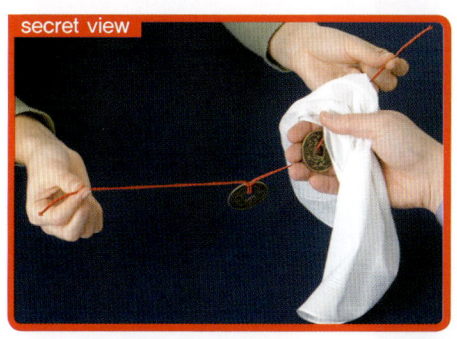

6 처음에 매단 동전을 손수건으로 가려서 오른손으로 잡아당긴다.

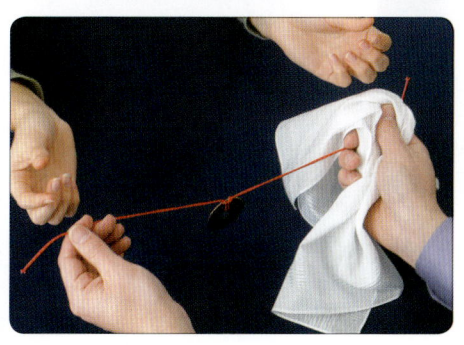

7 미끄러지듯 양손을 줄 끝으로 옮긴다. 이때 관객은 손을 놓을 것이다. 오른손에 숨긴 동전이 줄에서 빠져나오도록 하면서 일부러 "손을 떼면 안 됩니다!"라고 말한다.

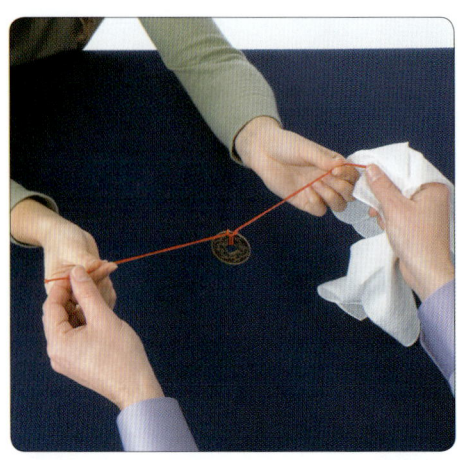

8 관객이 다시 줄을 잡는다. 처음에 매단 엽전은 줄에서 떨어져 손수건 아래에 숨겨져 있다.

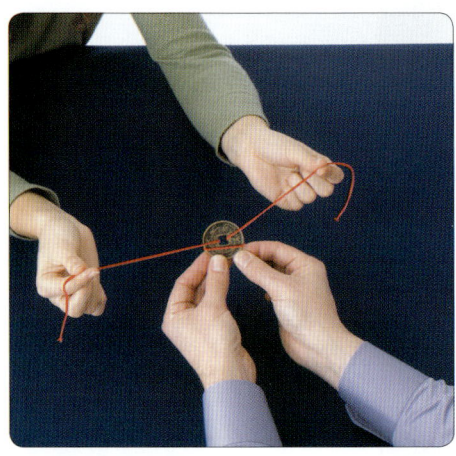

9 숨긴 엽전이 보이지 않도록 손수건과 함께 주머니에 넣거나 한쪽으로 치우고 줄에 매달린 엽전의 매듭을 천천히 푼다.

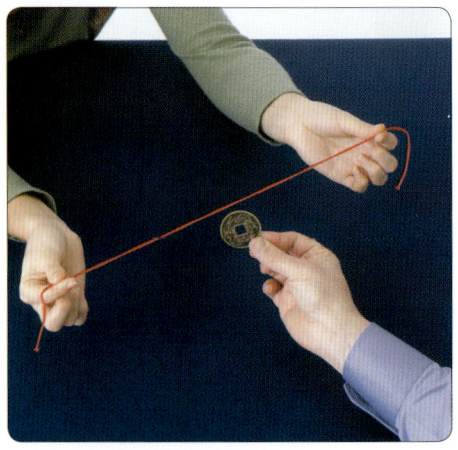

10 엽전이 줄에서 빠져나온 모습을 보여 준다.

TIP

이 마술의 성공은 7단계에서 관객이 손을 놓은 것이 실수처럼 보이도록 하는 데 달려 있다. 손을 떼라고 하지 말고 당신이 손을 움직여서 자연스럽게 떼도록 만들어야 한다. 바로 그때 손을 빼면 절대 안 되니 다시 잡으라고 말하며 엽전을 빼낸다. 그 장면을 자연스럽게 연출하면서 두 번째 엽전을 계속해서 숨겨 놓고 있으면 놀라운 마술을 선보일 수 있다.

연필을 타고 올라오는 링

rising ring on pencil

링을 연필에 끼우고 똑바로 든다. 링이 연필 꼭대기까지 슬금슬금 올라간다. 대단히 쉬우면서도 효과적인 마술이다.

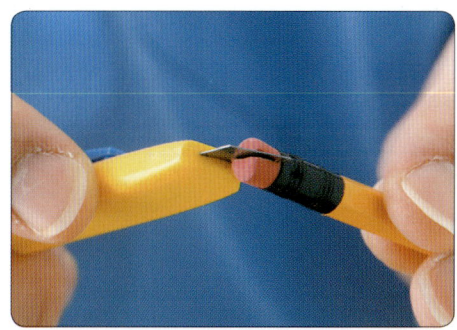

1 지우개 달린 연필을 준비해서 칼로 지우개 중간을 가른다.

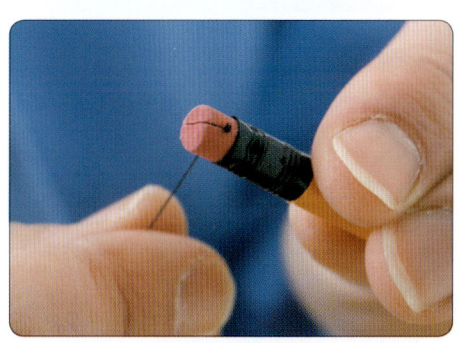

2 되도록 가는 낚싯줄이나 실의 한쪽 끝에 작게 매듭을 만들고 지우개의 칼집 부분에 넣는다. 사진에서는 잘 보이도록 검은색 실을 사용하였다.

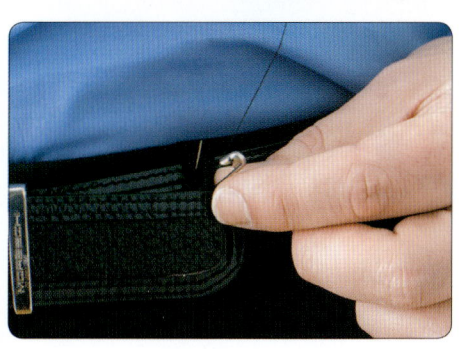

3 낚싯줄의 반대쪽 끝에 옷핀을 연결해 벨트 고리나 허리밴드에 고정한다. 실의 길이는 50cm 정도가 좋지만 당신에게 적당한 길이를 찾아야 한다.

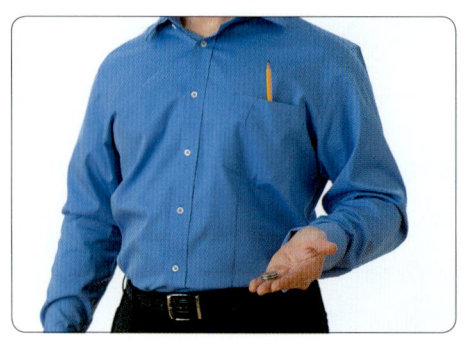

4 가슴 주머니에 연필을 넣는다. 이
렇게 하면 마술 도중 실에 방해받
지 않을 수 있다.

5 주머니에서 연필을 꺼내고 관객에
게 링을 빌려 연필과 실에 끼워 넣
는다. 가는 실이므로 관객에게는
보이지 않는다.

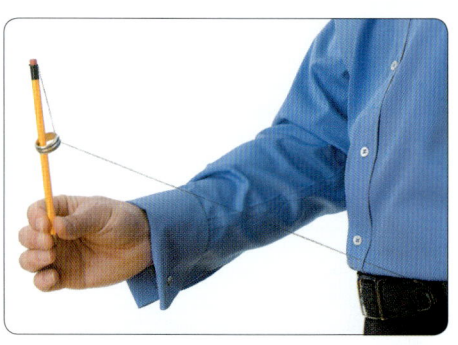

6 왼손으로 마법을 부리는 동작을
취하면서 천천히 연필을 앞으로
가져가 실이 팽팽해지도록 한다.
링이 연필 위로 올라간다.

7 링이 연필의 맨 윗부분에 이르면
링을 주인에게 돌려준다. 연필은
실을 몰래 빼낸 뒤 주머니에 넣거
나 다른 마술에 사용하도록 옆으
로 치운다.

중력을 거스르는 링

gravity defying ring

자른 고무줄에 링을 건다. 양손으로 고무줄을 45° 각도로 기울도록 잡는다. 링이 중력을 무시한 채 고무줄 위로 올라간다. 필자도 처음 보았을 때 완전히 속아 넘어간 정말 신기한 착시 현상이다.

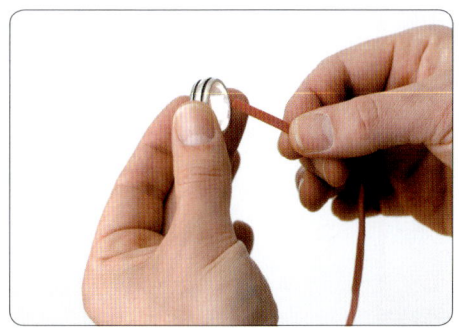

1 중간 크기의 고무줄을 자른다. 왼손으로 링을 잡고 고무줄 윗부분 2cm 정도를 링 안으로 넣는다.

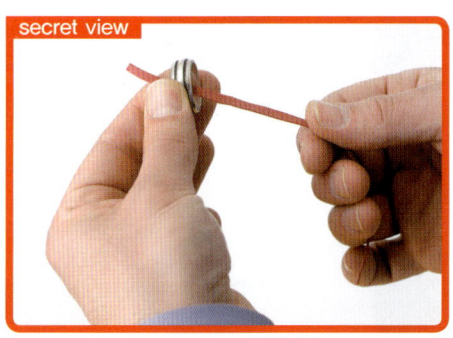

secret view

2 오른손의 손등이 관객을 향한 채 왼손 엄지와 검지로 고무줄과 링을 잡고 있는 상태이다.

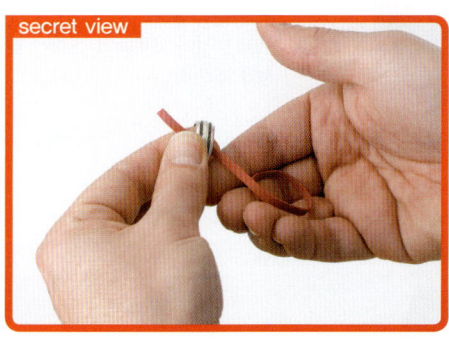

secret view

3 이제 링 바로 아래 부분의 고무줄을 오른쪽 엄지와 검지로 잡는다.

4 고무줄을 팽팽하게 잡아당긴다. 남은 고무줄의 대부분은 오른손에 가려진 상태이다.

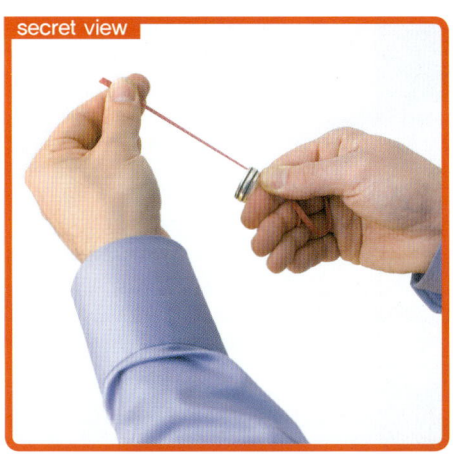

5 고무줄을 기울게 해 링이 오른손 검지에 닿도록 떨어뜨린다.

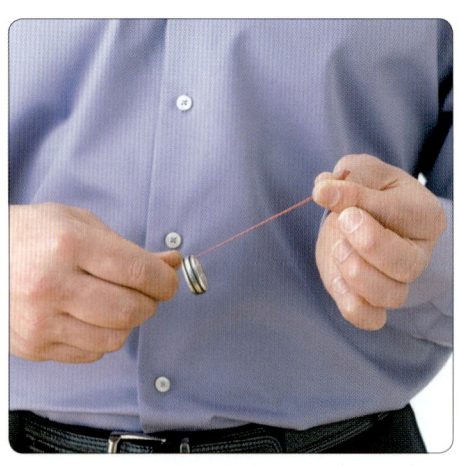

6 4번에서 고무줄을 팽팽하게 잡아 당겼기 때문에 앞에 있는 관객에게는 당신이 고무줄 양 끝을 잡고 있는 것처럼 보인다. 고무줄이 약 2cm 정도 늘어나 있어 마치 눈에 보이는 것이 고무줄의 전체인 것처럼 보인다.

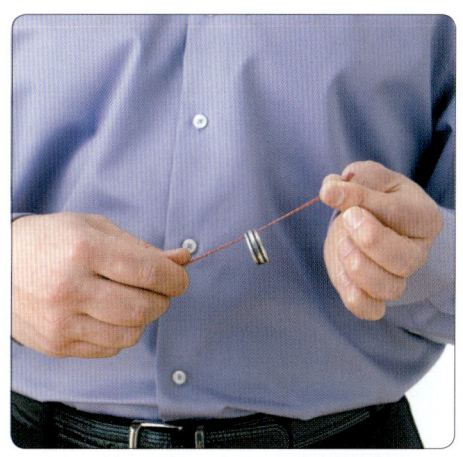

7 고무줄을 45° 각도로 잡고 천천히 오른쪽 손가락의 힘을 뺀다. 힘을 빼는 동시에 링이 고무줄 위로 올라가는 것 같은 착시 현상이 일어난다.

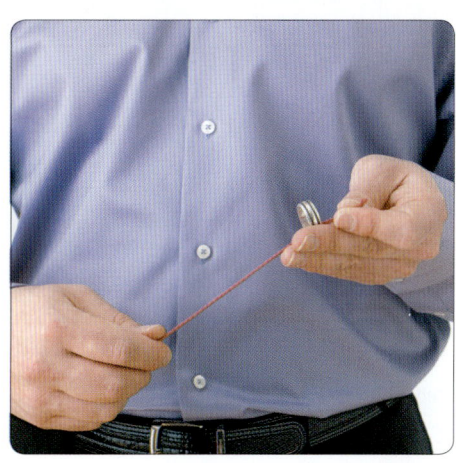

8 고무줄이 완전히 느슨해지면 왼손으로 링을 잡고 아래로 미끄러뜨려 주인에게 돌려준다.

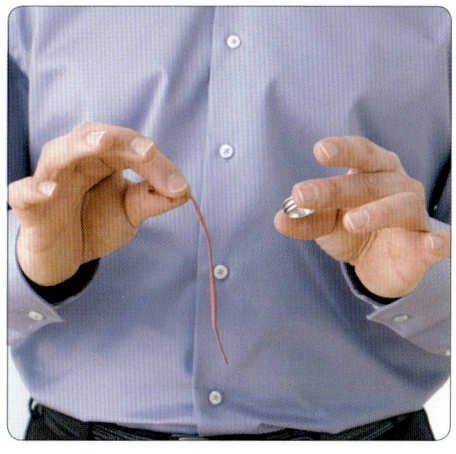

9 손가락 끝으로 고무줄과 링을 들고 아무런 이상이 없음을 보여 준다.

TIP

잡고 있던 고무줄을 천천히 부드럽게 놓아야 링이 잘 올라간다. 두께와 크기가 다양한 고무줄로 실험해 보고 가장 적당한 것을 찾는다. 링의 무게도 변수가 될 수 있으므로 여러 가지 링으로 실험해 본다.

녹아 없어지는 동전 1

dissolving coin 1

관객에게 동전을 빌려 표시한 다음 손수건으로 가리고 물이 담긴 유리컵으로 떨어뜨린다. 동전이 물에 빠지는 소리가 분명히 들리지만 손수건을 치우면 동전은 사라지고 없다. 마술사가 그 동전을 다시 보여 준다. 이 마술에는 작은 유리 조각이 필요한데 낡은 시계의 동그란 유리판을 사용하면 좋다. 나중에 자신의 동전을 알아볼 수 있도록 관객에게 펜으로 표시하라고 한다.

1 관객에게 동전을 빌린 뒤 왼손으로 손수건의 한쪽 귀퉁이를 잡고 유리판을 감춘다.

secret view

2 동전을 손수건 뒤로 감춘다. 오른손과 왼손이 가까워지면 사진처럼 동전이 손가락 사이에 떨어지도록 하는 동시에 그 자리에 유리판을 놓는다.

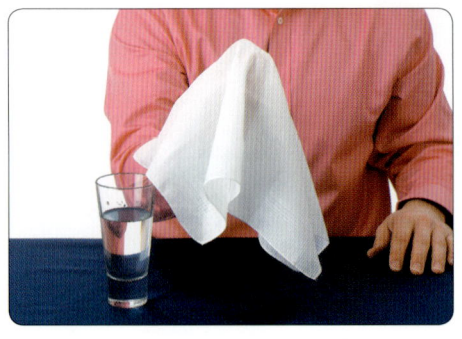

3 유리판이 드러나지 않도록 조심하면서 손수건 안에서 들어올린다. 관객은 그것이 동전이라고 생각한다.

4 왼손으로 손수건을 잡은 채 유리
컵으로 가져간다. 여전히 동전은
오른손에 숨겨져 있다. 유리판을
컵 속으로 떨어뜨려 퐁당 소리가
나도록 한다.

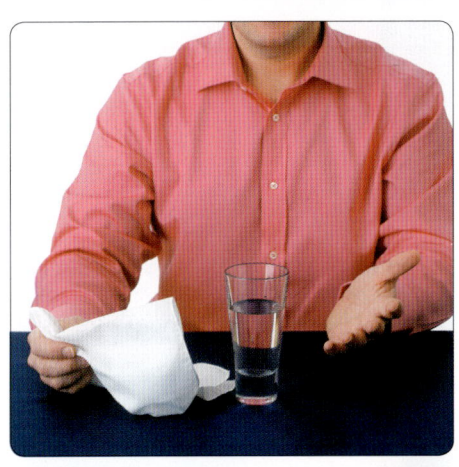

5 오른손으로 손수건을 치워서 손수
건으로 동전을 가린다.

6 동전은 사라지고 없다. 관객이 유
리컵 안을 들여다보아도 동전을
찾을 수 없다.

TIP

동전을 오른손에 숨긴 채 다음 마술을 시
작하는 경우 관객의 주머니로 손을 가져가
동전이 나타나도록 해도 된다. 이 마술에
이어 '털실 뭉치에 든 동전(marked coin
in ball of wool)'을 시연하는 것도 좋다.

10 녹아 없어지는 동전 2

dissolving coin 2

'녹아 없어지는 동전'을 조금 다른 방법으로 시연할 수도 있다. 산성 액체가 든 컵에 동전(표시를 해도 됨)을 떨어뜨리자 즉시 사라진다. 녹아 없어지는 동전1과 2를 동시에 시연하는 것은 좋지 않다. 둘 다 연습해 보고 마음에 드는 것을 고른다.

1 긴 유리컵과 동전, 손수건, 위험을 알리는 스티커가 붙은 병을 준비한다.

2 컵에 액체를 따르면서 이 액체는 병에 넣는 모든 것을 녹일 정도로 (물론 병은 제외하고) 강한 산성이라고 설명한다.

3 오른손으로 손수건 중앙에서 동전을 집은 모습을 관객들에게 보여준다. 왼손으로는 컵을 잡는다. 사진의 컵을 잡는 모습을 눈여겨 보아 둔다.

4 동전이 유리컵 위에 오도록 손수건과 함께 가져간다.

5 이 사진은 유리컵이 앞으로 기울어져 있고 동전이 유리컵 뒤쪽에 위치한 모습을 보여 준다. 동전이 화살표 방향으로 떨어지도록 한다.

6 동전이 컵 옆면에 부딪히면서 왼손 위로 떨어진다. 관객은 그 소리를 듣고 동전이 컵 안으로 들어갔다고 생각한다.

7 관객이 보는 모습이다. 따라서 관객은 동전이 당신의 왼손에 있음을 알지 못한다.

secret view

8 손수건의 끝을 들어 유리컵에서 벗기기 전에 오른손으로 왼손 손바닥의 동전을 집는다.

9 손수건 아래에 동전을 숨긴 채 손수건을 유리컵에서 벗겨내고 동전이 사라진 것을 보여 준다. 마술사는 산성 액체에 동전이 녹아 버렸다고 설명한다.

링을 통과하는 동전

coin through ring

두꺼운 손수건으로 동전을 가린다. 손수건 끝을 모아 동전보다 작은 링에 끼워 안에 든 동전을 고정한다. 동전이 손수건을 통과하면서 링을 빠져나온다.

1 왼손으로 손수건 한쪽 끝을 잡고 오른손으로 동전을 잡는다.

2 손수건으로 오른손과 동전을 가리고 왼손을 치운다.

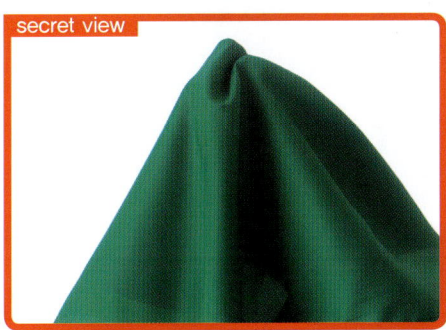

secret view

3 동전 앞쪽에서 오른손 엄지로 손수건을 살짝 집는다.

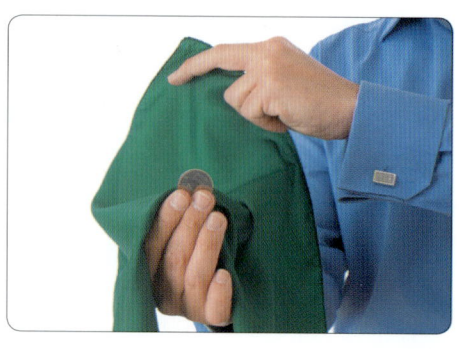

4 왼손으로 손수건 앞쪽을 들어 안에 동전이 있음을 보여 준다. 그와 동시에 왼손 엄지와 검지로 손수건 뒤쪽을 잡는다.

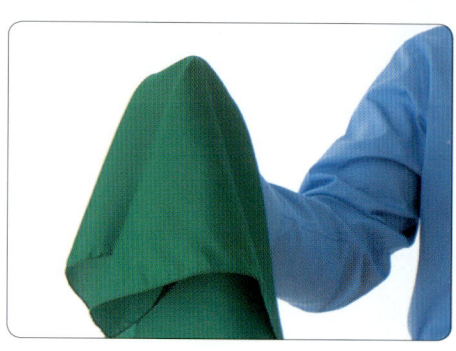

5 다시 손수건으로 동전을 덮는다. 이때 몰래 손수건 두 겹을 앞으로 가져간다.

secret view

6 사진처럼 실제로는 동전이 손수건 바깥쪽에 나와 있다.

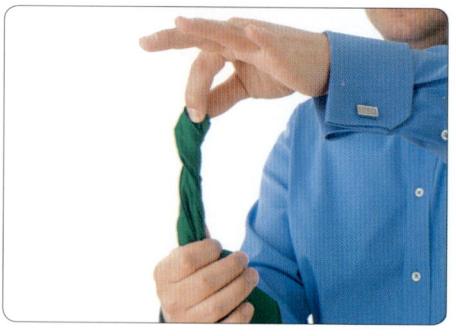

7 손수건을 여러 번 꼬아 돌린다. 손수건을 꼬면서 동전을 수건 속으로 넣고 가린다.

8 첫 번째 관객에게 손수건 위로 동전을 잡고 있으라고 한다. 손수건의 가장자리 부분이 위를 향하도록 들고 있으면 관객은 동전이 바깥에 나와 있음을 눈치채지 못한다. 손수건 네 쪽 귀퉁이를 잡아 링에 끼우고 링을 동전쪽으로 밀어 올린다.

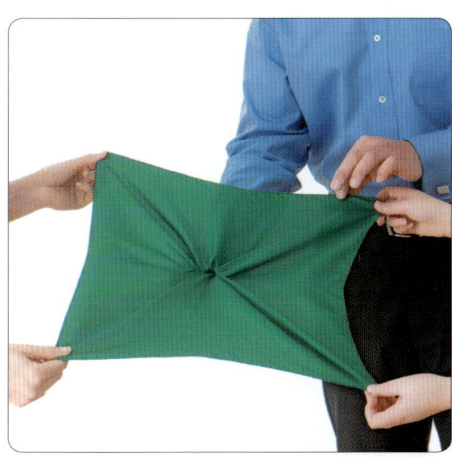

9 손수건에 가려진 동전을 첫 번째 관객에게서 받아들고 사진처럼 관객 두 명에게 손수건 양쪽을 각각 붙잡아 펴라고 한다.

10 손수건의 모아진 부분에서 동전을 빼낸다.

secret view

11 이 사진은 손수건 아래에서 동전을 빼내는 모습이다.

12 동전과 링을 꺼내면 관객이 든 손수건에는 아무 것도 남지 않게 된다.

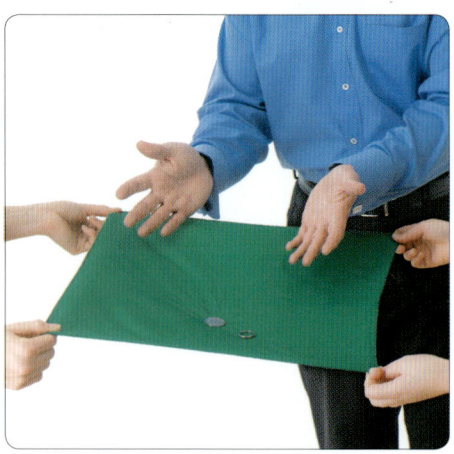

13 펼쳐진 손수건에 링과 동전을 던져서 마술을 마무리한다.

12 손수건에서 사라지는 동전

vanishing coin in handkerchief

손수건 중앙에 동전을 놓고 감싼다. 몇 차례 접은 손수건의 끝을 잡아당기자 동전이 사라진다. 이것은 간단하면서도 멋진 즉석 마술이다. 연습하는 동안 동전이 정말 사라지는 것 같은 모습에 스스로도 깜짝 놀랄 것이다. 이 마술에는 놀라운 비밀 동작이 숨어 있다.

1 앞에 다이아몬드 모양으로 손수건을 펼친다. 중앙에서 약간 왼쪽 부분에 동전을 놓는다.

2 아래쪽과 위쪽을 맞춰 삼각형이 되도록 접은 후 오른쪽 귀퉁이를 집는다.

3 오른쪽을 왼쪽에 포개어 접는다. 접는 동안 동전이 움직이지 않도록 주의한다.

4 안에 든 동전을 오른손으로 집어 천천히 손수건을 돌돌 만다.

5 끝까지 계속 만다.

6 양손으로 각각 손수건 끝을 잡고 천천히 잡아당긴다.

7 쭉 펴서 끝을 잡아 당겨 보자. 동전이 사라지고 없다. 실제로는 비밀스럽게 접힌 부분에 들어 있지만 아무도 눈치채지 못한다.

8 손수건 왼쪽을 올려서 동전이 오른손 손가락으로 떨어지게 한다.

secret view

9 동전이 손바닥으로 내려온 모습이다. 사진처럼 손끝에 놓인다.

10 오른손으로 손수건을 잡아 동전을 가린다. 손수건과 동전을 주머니에 집어넣고 마무리한다.

13 버뮤다 삼각지대

the Bermuda triangle

연필 세 자루를 삼각형 모양으로 놓는다. 가운데에 작은 배를 올려놓고 유리컵으로 가리자 배가 감쪽같이 사라진다. 버뮤다 삼각지대에 들어가면 뭐든지 사라져버린다는 사실을 설명하면서 시연한다. 이것은 실제로 두 가지 마술을 합친 것이다. 원하면 한 가지만 시연해도 되지만 두 가지를 함께 시연하면 멋진 루틴이 된다. 버뮤다 삼각지대에 관한 설명이 마술을 더욱 흥미진진하게 만든다.

1 종이 카드 몇 장, 연필 세 자루, 양면 테이프, 가위, 펜, 유리컵, 종이를 준비한다.

2 카드에 컵을 대고 동그라미를 그려서 잘라 낸다.

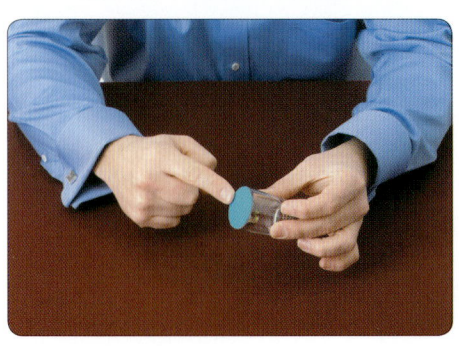

3 동그라미를 유리잔의 테두리에 정확히 맞춰서 붙인다. 이것을 '기믹(gimmick, 특정한 효과를 위해서 만든 장치)'이라고 한다.

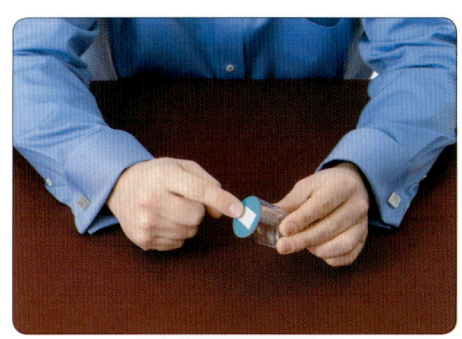

4 컵에 붙인 카드의 중간에 양면 테이프를 붙인다.

5 또 다른 카드에 조그만 배를 그리고 가위로 자른다. 배의 크기는 컵의 바닥보다 작아야 한다.

6 기믹과 똑같은 색깔의 종이 위에 연필 세 자루를 올리고 가운데에 배를 놓는다. 카드 위에 컵을 거꾸로 올려놓는다. (바닥에 양면 테이프가 붙어 있음을 유의한다. 이때 기믹은 바닥에 깔린 카드의 색깔과 똑같아서 보이지 않는다). 관객에게 버뮤다 삼각지대를 지나는 모든 것들이 사라진다는 설명을 한다.

7 유리컵이 평평하게 놓인 상태에서 사진처럼 흰 종이로 감싼다. 너무 꽉 감싸면 안 된다.

8 종이로 감싼 컵을 잡고 삼각형 안에 든 배 위에 올려놓는다.

9 종이를 빼면 컵이 테이블에 놓인다. 이때 배가 기믹에 가려져 완전히 사라진 것처럼 보인다. 컵이 버뮤다 삼각지대의 회오리라고 설명하고 회오리에 휩쓸려 배가 사라져 버렸다고 말한다.

10 종이로 다시 컵을 싸서 들어올린다. 배가 기믹의 양면 테이프에 붙어 함께 올라간다.

11 회오리가 사라져도 없어진 배는 돌아오지 않는다고 설명한다. 사진처럼 이제 컵은 테이블 뒤쪽으로 옮긴 상태이다. 말하는 동안 몰래 종이를 빼내서 컵만 무릎으로 떨어뜨린다. 이것은 미스디렉션(misdirection)과 래핑(lapping)이라고 하는 기술이다.

12 컵이 없어도 종이는 계속 컵 모양으로 남아 있다. 삼각지대 안에 종이를 놓으면서 때로는 회오리가 되돌아오기도 한다고 말한다.

13 종이를 구겨서 컵이 사라지고 없는 모습을 보여 준다. 버뮤다 삼각지대에서는 회오리마저 감쪽같이 사라질 수 있다고 설명한다.

14 도구 상자가 놓인 의자가 옆에 있다면 무릎으로 몰래 컵을 떨어뜨리고 테이블에서 다른 도구를 집으면서 치우면 된다. 무릎에서 컵을 몰래 치우는 모습을 들키지 않도록 카드를 들고 있도록 한다.

TIP

미스디렉션과 래핑이 자연스러울 수 있도록 열심히 연습한다.

마술 종이

magic papers

색종이를 펼치자 안에서 접힌 다른 색종이가 나타난다. 그 색종이를 펼치면 또 다른 색종이가 있다. 가장 작은 색종이를 펼치자 안에서 동전이 나온다. 색종이를 다시 접고 마법의 주문을 외우고 펼치면 큰 액수의 동전으로 바뀌어 있다. 놀라면서 기뻐하는 관객에게 동전을 돌려 준다. 종이를 자르려면 가위가 필요하다. 동전의 종류가 바뀌거나 사라졌다가 나타나도록 하는 법을 배울 수 있다.

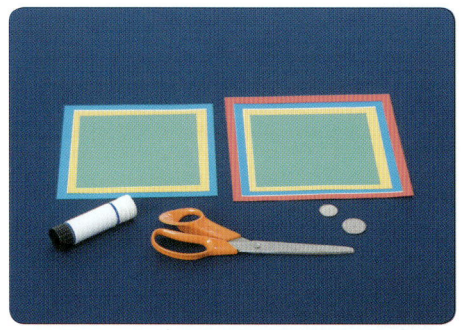

1 빨간색 종이를 20cm 길이의 정사각형 1개를 준비한다. 파란색은 18cm 길이 정사각형 2개, 노란색은 16cm 길이 정사각형 2개로, 초록색은 14cm 길이 정사각형 2개로 자른다.

2 사진처럼 초록색부터 접힌 부분의 길이가 똑같도록 두 번 접는다.

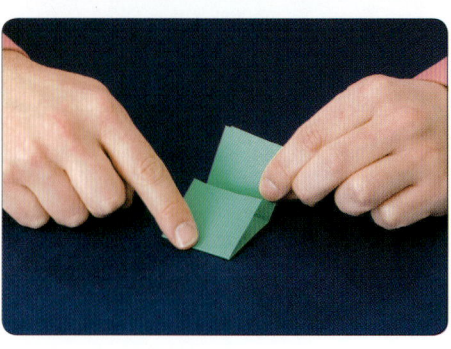

3 그 상태에서 가로로 두 번 더 접는다. 나머지 색종이들도 똑같이 한다. 꾹 눌러서 깔끔하게 접어야 한다. 종이를 펼치면 접혔던 선에 따라 정사각형 9개가 만들어져 있다.

4 사진처럼 파란색 종이의 가운데를
붙인다.

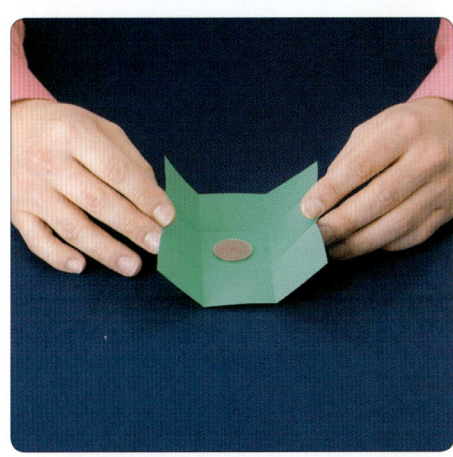

5 초록색 종이 가운데에 큰 액수의
동전을 넣고 접은 자국을 따라 접
어서 감싼다. 이 초록색 종이를 노
란색 종이 가운데에 놓고 접는다.
마지막으로 노란색 종이를 파란색
안에 넣고 파란색을 접는다.

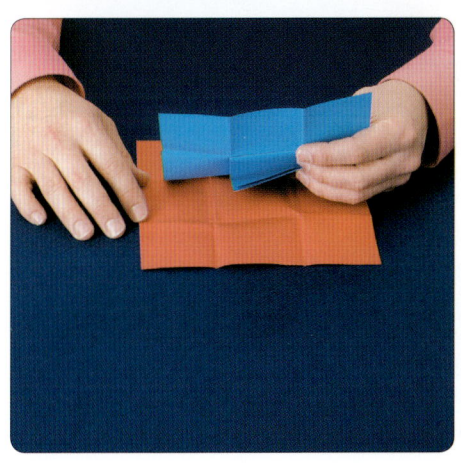

6 사진처럼 빨간색 종이를 먼저 펼
치고 위에 파란색 종이를 놓는다.
파란색에는 큰 액수의 동전이 들
어 있다.

7 파란색 위에 노란색을 올리고 노란색 위에는 마지막 초록색을 올린다. 각각 종이를 접으면 준비가 끝난다.

8 관객에게 적은 액수의 동전을 빌려 종이와 함께 보여 준다.

9 파란색에 숨겨둔 동전이 드러나지 않도록 조심하면서 종이를 전부 펴고 적은 액수의 동전을 초록색 가운데에 놓는다. 먼저 초록색을 접고 나머지 종이도 차례로 접는다.

10 마지막으로 접는 순간 몰래 파란색 종이를 뒤집는다.

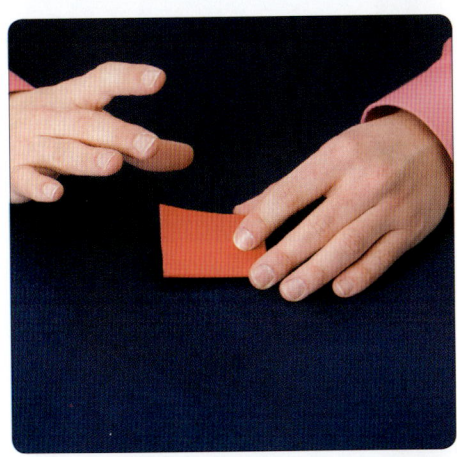

11 빨간색으로 파란색을 감싸고 분위기를 잡으며 '마법의 주문'을 외운다.

12 종이를 펼치면 처음보다 큰 액수의 동전이 나타난다. 관객에게 큰 액수의 동전을 선물하면 반응이 좋다.

15 털실 뭉치에 든 동전

marked coin in ball of wool

관객에게 빌려 표시까지 한 동전이 사라졌다가 털실 뭉치 안에 든 작은 헝겊주머니 안에서 나타난다. 털실 뭉치 깊숙이 든 헝겊주머니가 나타나기까지 약간 시간이 걸리므로 안에 동전이 들어 있는 모습이 신기하게만 보인다. 시간이 좀 걸리므로 미리 준비해 놓아야 한다.

1 가로 10cm, 세로 12cm 크기의 두꺼운 종이를 준비한다. 중앙에 동전을 놓고 연필로 너비를 표시한다. 그 길이대로 직선을 그린다. 그 선에서 바깥쪽으로 3mm 떨어진 곳에 두 개의 선을 더 그린다.

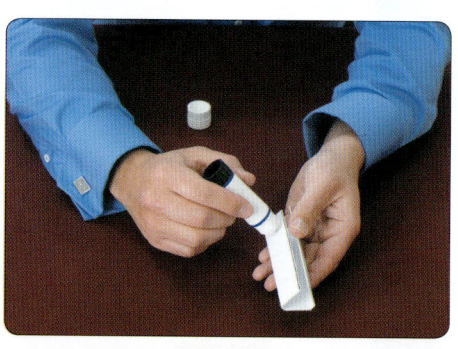

2 표시된 선을 따라 접으면 길고 평평한 통 모양이 만들어진다. 풀로 양면을 붙인다. 손가락으로 꾹 눌러서 완전히 마를 때까지 둔다.

3 안에서 동전이 쉽게 미끄러질 수 있는 튜브(슬라이드) 모양이 완성된다.

4 작은 주머니에 튜브 끝을 넣은 뒤 고무줄로 주머니 입구를 감는다.

5 주머니의 아래 부분을 털실로 감 싼다.

6 튜브가 위로 향하도록 털실 뭉치 를 종이가방에 넣는다.

7 관객에게 동전을 빌려서 표시한 후 이 책에 소개된 어떤 방법으로 든 사라지게 만드는데 '손수건에 서 사라지는 동전'을 추천한다. 오 른손에 동전을 숨긴 채 종이가방 으로 가져간다.

8 몰래 동전을 튜브 안으로 넣는다. 동전이 털실 뭉치 안에 든 주머니 안으로 들어간다.

9 튜브를 빼서 종이가방에 남긴 채 털실 뭉치를 꺼낸다. 바깥에서 왼 손으로 털실 뭉치를 누르고 있어 야 튜브가 쉽게 빠진다.

10 관객에게 털실 뭉치를 보여 준다. 털실 뭉치를 살짝 눌러서 튜브가 빠져 나간 공간을 좁힌다.

11 관객에게 털실을 풀라고 한다.

12 털실 뭉치가 다 풀리면 작은 주머니가 나온다.

13 고무줄로 묶은 주머니 안에 뭐가 들었는지 확인해 보라고 한다.

14 관객은 주머니에 든 동전이 처음의 동전과 똑같은 것임을 확인한다.

16 동전 폭포

coin cascade

관객이 큰 소리로 개수를 세면서 동전 10개를 잡는다. 마술사가 동전 3개를 던져서 받는 시늉을 한다. 관객이 손을 펼치자 동전이 13개로 늘어난다! 이것은 어디에서나 시연할 수 있는 즉석 마술이다. 동전 대신 땅콩이나 사탕 같은 작은 물체를 사용해도 된다.

1 딱딱한 표지로 된 책과 동전 13개가 필요하다.

2 책의 등에 동전 3개를 넣는다. 책을 덮으면 동전이 그 안에 동전이 끼워져 있게 된다(책의 제본 방식에 따라 책의 등에 공간이 생기는 책과 그렇지 않은 책이 있다. 책을 고르기 전에 잘 살펴보아야 한다).

3 손바닥에 나머지 동전 10개를 놓고 다른 손으로는 책을 든다.

4 손에 든 동전을 관객에게 준다. 책의 중간쯤을 펼치고 관객에게 숫자를 세면서 동전을 책 갈피에 놓으라고 한다.

5 마지막까지 다 놓고 난 후 사진처럼 관객의 손에 동전을 쏟는다. 이때 미리 숨겨둔 동전 3개도 함께 쏟아진다.

6 동전 3개를 던졌다 받는 시늉을 하고 지금 여러분이 본 동전이 모두 몇 개인지 물어본다. 관객은 '13개'라고 답할 것이다.

7 관객이 책에서 쏟아진 동전을 실제로 세어 보면 10개였던 동전은 놀랍게도 13개로 늘어나 있다.

TIP

돈 버는 비결에 관한 책을 사용하면 더욱 좋다. 마술이 끝난 후 정말 좋은 책이라고 농담처럼 말하면 관객들이 더욱 즐거워한다.

17 콩코드 동전 1

concorde coin 1

동전이 왼손에서 오른손으로 이동하는 간단하지만 놀라운 마술이다. 카펫이나 식탁보처럼 부드러운 표면에서 시연하면 효과적이다.

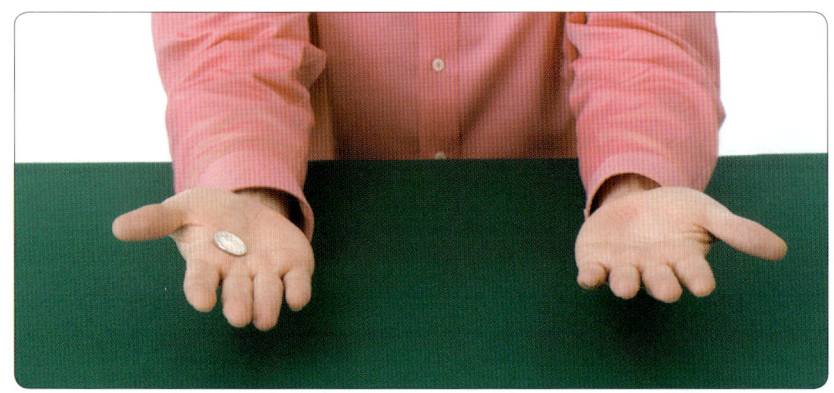

1 오른손 손바닥에 동전을 놓는다. 사진처럼 검지와 가운뎃손가락 아래의 손바닥에 놓는다. 왼손을 오른손에서 약 25cm 떨어진 지점에 놓는다. 양손은 바닥이나 테이블에서 가까운 상태여야 한다.

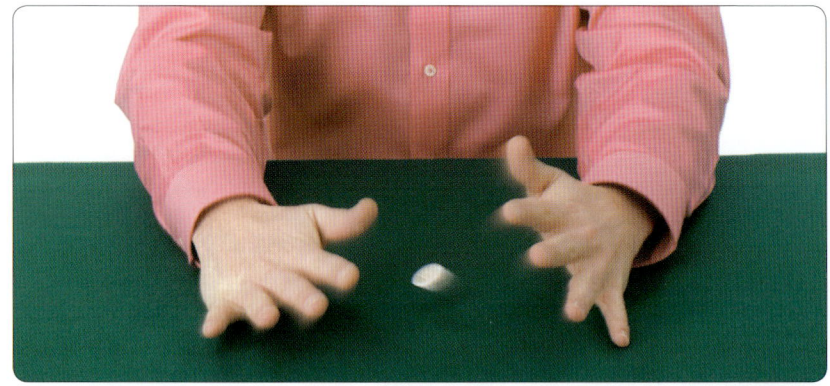

2 이제 두 손을 재빨리 뒤집는다. 동전이 올려진 오른손이 왼손보다 약간 더 빠르게 움직여야 한다. 손을 뒤집을 때 동전이 오른손에서 왼손으로 눈에 보이지 않을 정도로 빠르게 이동하도록 연습한다. 사진은 카메라로 순간을 포착한 것이다.

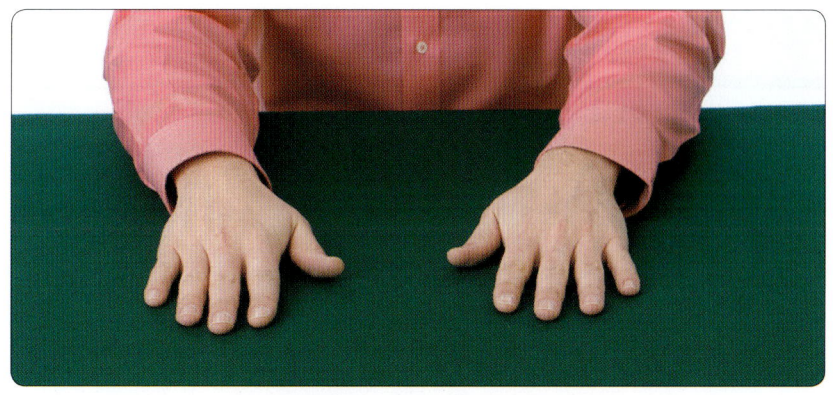

3 동전을 오른손에서 왼손으로 옮겨 보겠다고 말한다. 물론 동전은 이미 옮겨진 상태지만 관객은 모르고 있다.

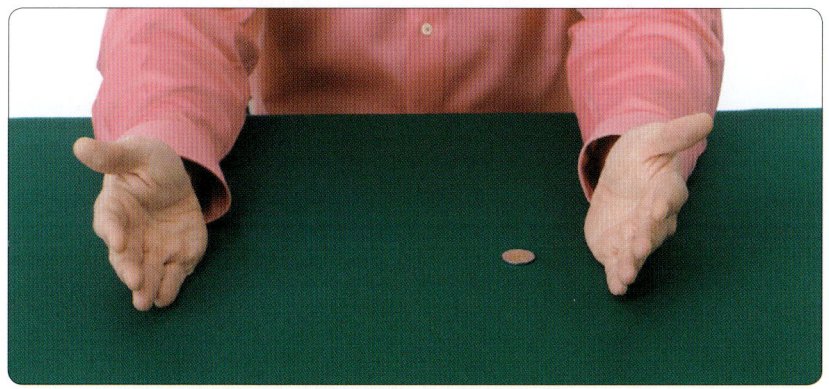

4 천천히 손을 올려 동전이 왼손으로 이동한 모습을 보여 준다. 손이 눈보다 빠를 수 있다는 것을 증명한 마술이다.

콩코드 동전 2

concorde coin 2

첫 번째를 살짝 변형한 방법이다. 테이블이나 바닥이 아니라 일어선 상태로 시연한다. 손을
뒤집으면서 주먹에 동전을 숨긴다는 것 이외의 다른 방법은 콩코드 동전1과 같다.

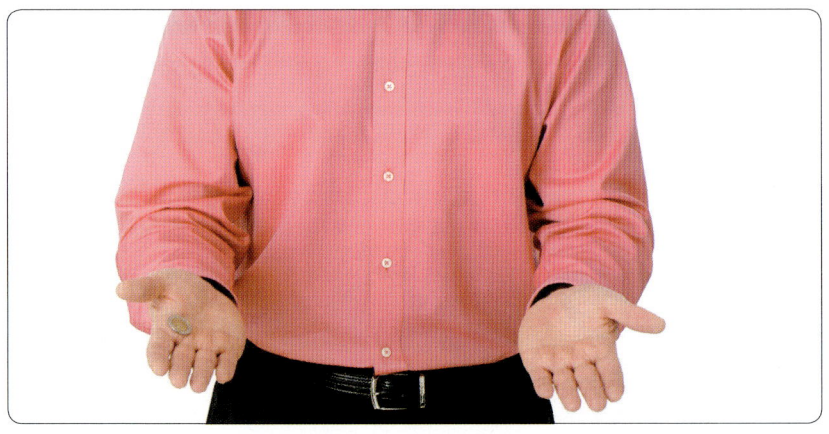

1   첫 번째와 같이 오른손 손바닥에 동전을 놓고 25cm 떨어진 지점에 왼손을 대기시킨다.

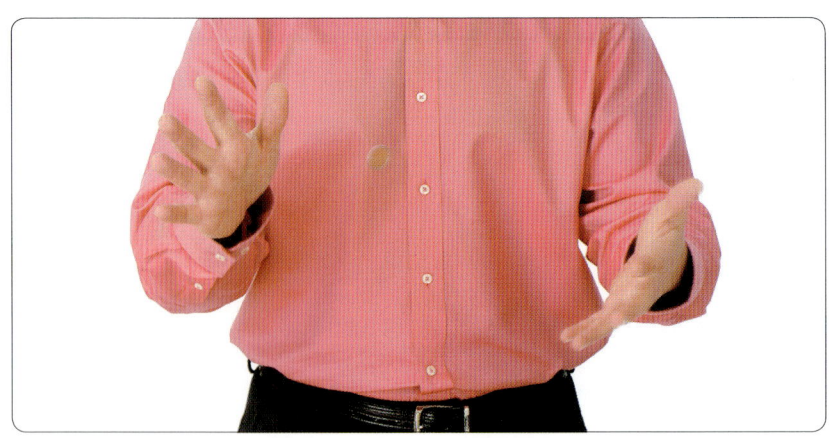

2   사진처럼 오른손이 살짝 위로 가게 해 재빨리 동전을 왼손으로 던진다.

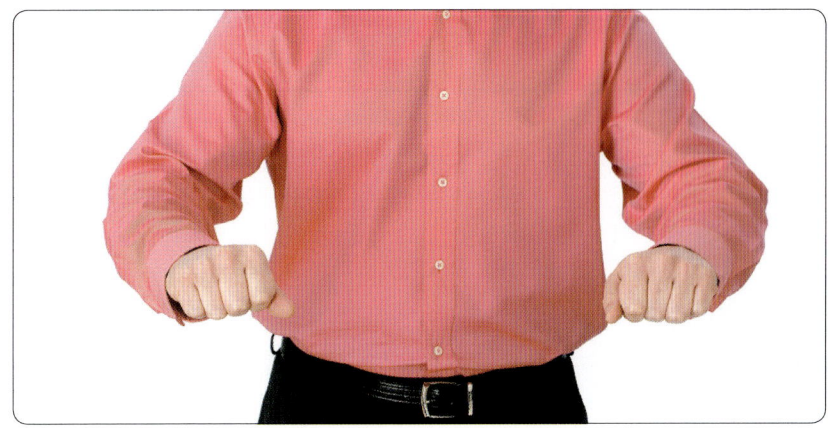

3 왼손이 동전을 잡는 순간 양손은 주먹을 쥔다.

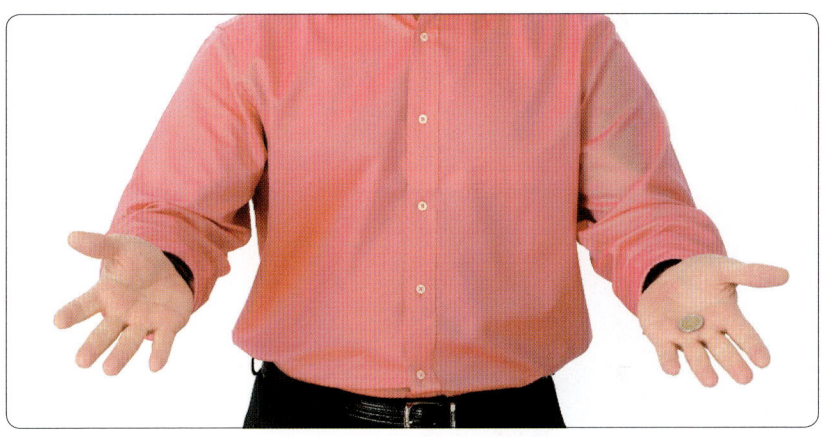

4 양손을 펴서 동전이 이동한 모습을 보여 준다.

TIP
약간의 미스디렉션을 이용하면 더욱 멋진 마술을 선보일 수 있다. 오른손에 든 동전을 보여 준 다음 던지지 말고 양손을 뒤집어 주먹을 쥔 뒤 이렇게 말한다. "동전이 오른손에서 왼손으로 이동하도록 만들겠습니다. 사실은 벌써 이동을 했습니다. 하지만 동전을 원래 자리로 되돌아오게 만들기가 더 어렵지요. 보세요. 돌아왔죠?" 양손을 펴고 오른손에 계속 가지고 있던 동전을 보여 준다. 물론 이것은 실없는 농담이다. 하지만 관객이 웃는 순간 재빨리 동전을 왼손으로 던진 뒤 이렇게 말한다. "정말 할 수 있다니까요. 보세요." 관객은 마술이 이미 끝났다고 생각하므로 당신이 동전을 던지는 모습을 보지 못할 것이다. 관객의 긴장이 풀린 사이에 동전을 옮기는 것이다.

19 동전 쥔 손 알아맞히기

the coin test

뒤돌아선 상태에서 관객에게 한 손으로 동전을 높이 들고 있으라고 한다. 관객이 손을 내리면 마술사가 뒤돌아서 어느 손에 동전이 들어 있는지 정확히 맞힌다. 사람들이 즉흥적으로 부탁할 때 보여 줄 수 있는 심리 마술이다.

1 뒤돌아선 상태에서 관객에게 한 손으로 동전을 들고 있으라고 한다. 동전이 든 손을 높이 들고 "내 마음을 읽어 보세요."라고 다섯 번 말하라고 한다.

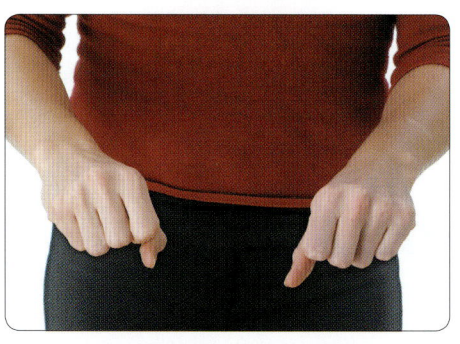

2 관객의 두 손을 비교해 보면 한쪽이 약간 창백해져 있을 것이다. 그 손이 바로 동전을 쥐고 있는 손이다. 손을 들고 있는 동안 피가 통하지 않기 때문이다.

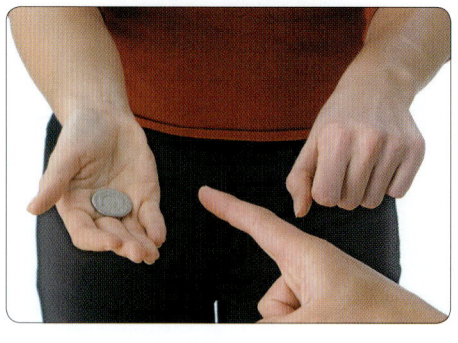

3 동전이 든 손가락을 가리킨다.

TIP

관객이 비밀을 눈치채지 못하도록 하려면 우선 오른발을 올리고 오른쪽과 왼쪽을 바라보라고 한 뒤 동전 든 손을 올리라고 한다. 관객은 모든 동작에 의미가 있다고 생각하므로 진짜 비밀을 눈치채지 못한다.

20 유니버설 배니시

universal vanish

작은 물건을 사라지게 만드는 간단한 손기술이다. 모든 마술이 그러하듯 열심히 연습하면 뛰어난 효과를 거둘 수 있다. 관객이 반대편에 앉아 있을 때 가장 효과적이다.

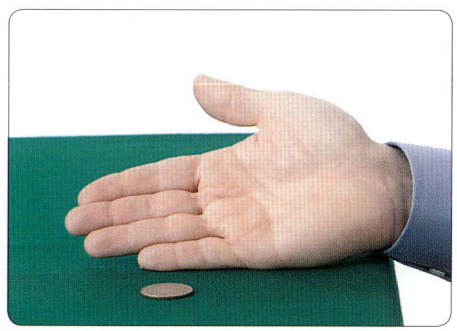

1 테이블에 앉아 사라지게 할 물건을 앞에 놓는다. 이 경우에는 동전이다.

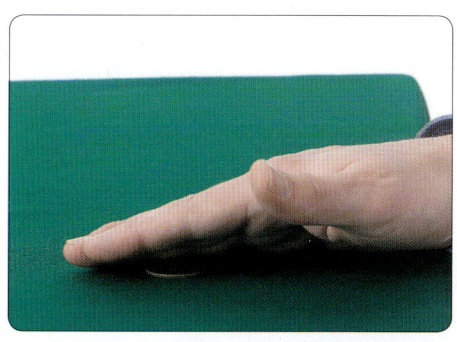

2 손바닥으로 동전을 가린다. 손바닥과 테이블은 평평하게 맞닿아야 한다.

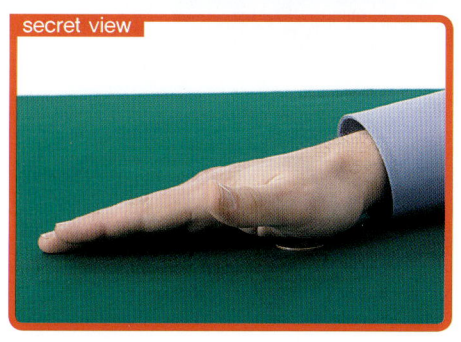

secret view

3 손을 앞으로 움직여 동전이 손바닥 끝에 닿도록 한다. 손바닥 전체로 작게 동그라미를 그리면서 동전이 손바닥 끝에 닿도록 한다.

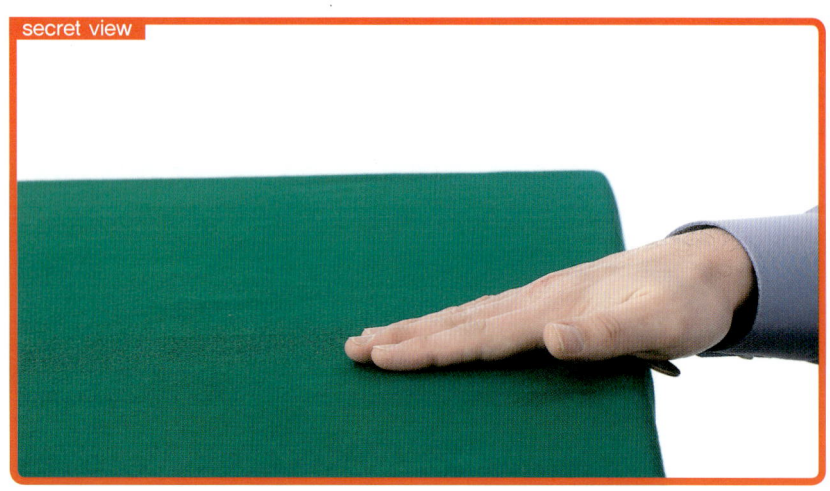

4 관객이 눈치채지 못하게 손바닥 끝을 테이블 가장자리로 옮기면서 몰래 동전을 무릎으로 떨어
  뜨린다.

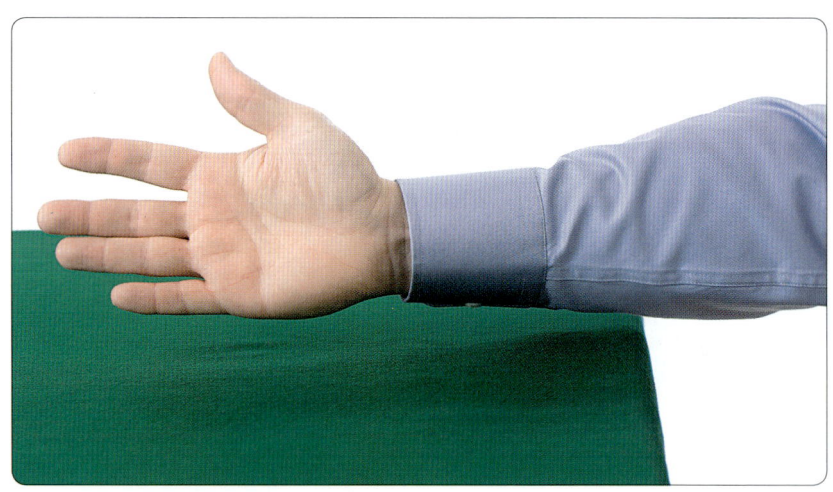

5 손으로는 계속 동전을 문지르면서 테이블 앞쪽으로 손을 이동한다. 손을 들어 동전이 사라지
  고 없음을 보여 준다.

21 그래비티 배니시

gravity vanish

작은 물체를 사라지게 만드는 훌륭한 기술이다. 타이밍과 각도 활용이 중요하다. 관객이 정면에 있을 때만 시연해야 한다. 옆에서 보는 사람이 있으면 마술을 할 수 없다.

1 왼손으로 작은 물체를 든다. 이 경우 역시 동전이다. 사진에서 동전을 잡고 보여 주는 모습을 유심히 살펴보도록 한다.

2 동전이 손등에 가려 관객에게 보이지 않도록 손목을 돌린다.

3 오른손을 들어 셋을 센다. 사진처럼 앞에 놓인 오른손이 왼손을 가린다.

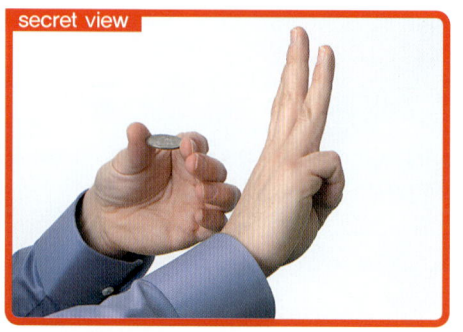

4 옆에서 바라본 모습이다. 동전을 손에 든 각도와 앞에 놓인 오른손 때문에 앞에 있는 관객에게는 동전이 보이지 않는다.

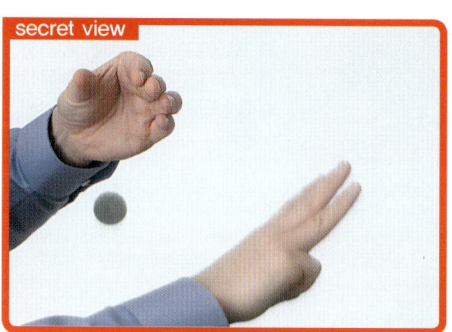

5 '셋'이라고 말하는 순간 수를 세던 오른손을 테이블로 떨어뜨리는 동시에 왼손의 힘을 풀어 동전을 슬쩍 무릎으로 떨어뜨린다. 왼손 손가락을 펴지 않은 상태에서 동전만 떨어뜨린다.

6 앞에서는 오른손에 가려 동전의 움직임이 보이지 않는다.

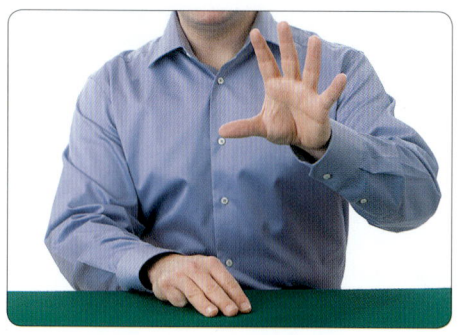

7 왼손 손가락을 비빈 다음 펼쳐서 동전이 사라지고 없음을 보여 준다.

22 옷핀 풀기

unlinking safety pins

이어진 두 개의 옷핀을 잠긴 상태에서 옆으로 잡아당기면 잠긴 상태로 풀린다. 이것은 즉석에서 시연하기도 좋고 이 책에 나오는 '핀 크레디블(pin-credible)', '세이프티 핀 어 트레이션(safety pin a-tration)' 같은 마술과 함께 루틴을 만들어도 좋다. 처음에는 어려워 보여도 요령만 알면 무척 간단하다. 특별한 비밀이 있는 것이 아니라 재빠른 손기술을 익혀야 하는 마술이다.

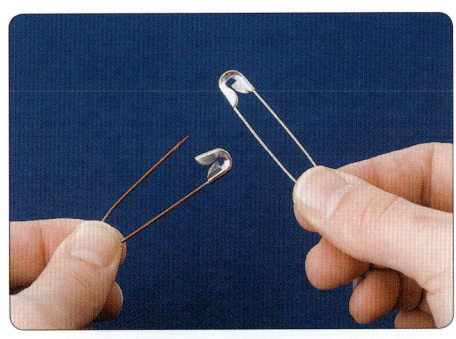

1 오른손으로는 잠긴 옷핀을 잡고 왼손의 옷핀은 풀어 둔다. 사진처럼 열린 옷핀의 머리 부분이 오른쪽을 향하도록 잡는다(사진에서는 구별하기 쉽도록 빨간색으로 표시했다).

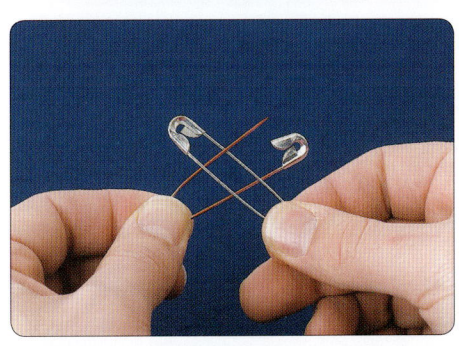

2 왼쪽 옷핀을 오른쪽의 옷핀에 연결한다. 왼손의 옷핀 머리가 오른쪽 핀의 뒤쪽으로 들어가고 열린 부분이 중앙으로 들어가게 한 뒤 핀을 잠근다.

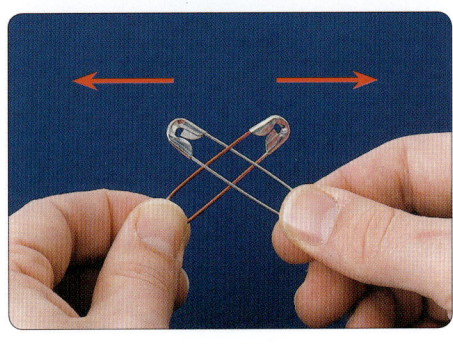

3 두 옷핀의 끝을 잡고 사진의 화살표 방향으로 당긴다.

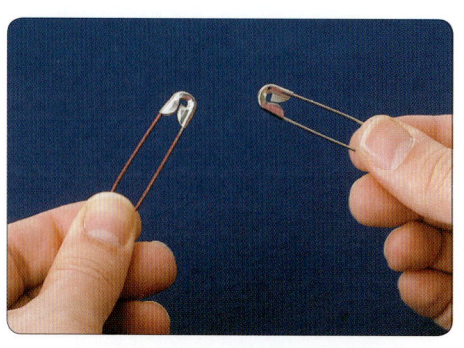

4 옷핀이 잠긴 상태에서 분리돼 관객은 깜짝 놀랄 것이다.

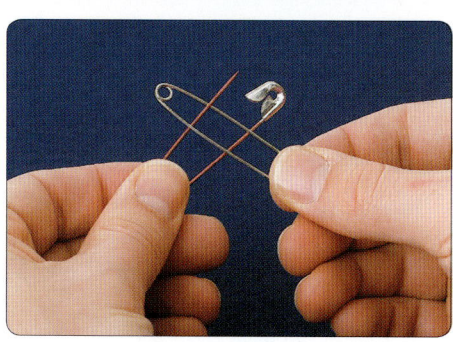

5 살짝 변화를 주어 다시 보여 줄 수도 있다. 사진처럼 오른손에 든 옷핀을 거꾸로 뒤집는다.

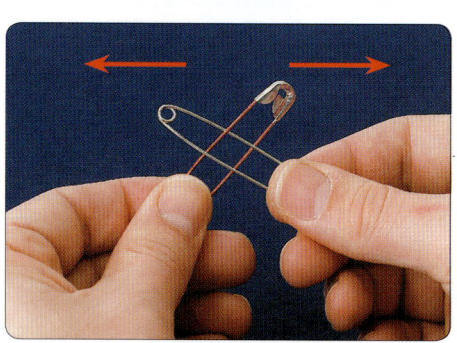

6 똑같은 방법으로 두 옷핀을 연결한 후 잡아당긴다.

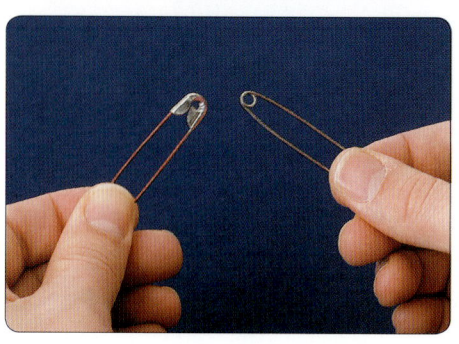

7 놀랍게도 옷핀이 또 분리된다. 원한다면 여기에서 마술을 끝내고 관객에게 옷핀을 주어 살펴보도록 해도 된다. 하지만 한 번 더 시연하면 더욱 효과적이다.

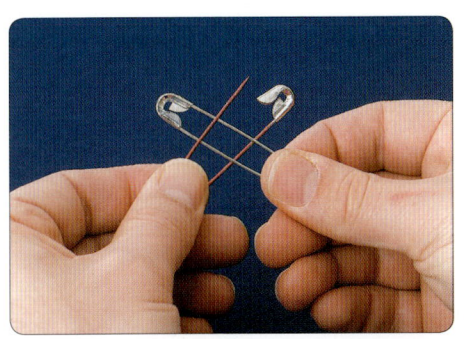

8 마지막으로 옷핀을 다시 연결한
다. 하지만 사진에서 보듯 실제로
는 옷핀이 연결되는 것은 아니다.
왼손에 든 옷핀을 다른 옷핀의 가
운데로 넣는 것이 아니라 양쪽 위
로 넣는다.

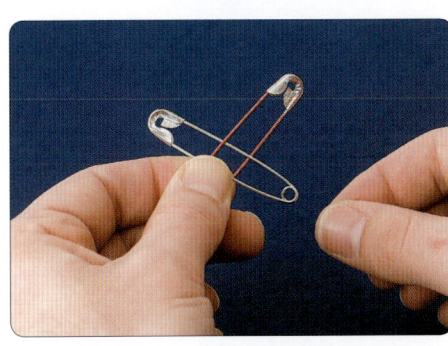

9 왼손으로 두 옷핀을 잡아 연결되
어 있지 않다는 걸 들키지 않도록
한다.

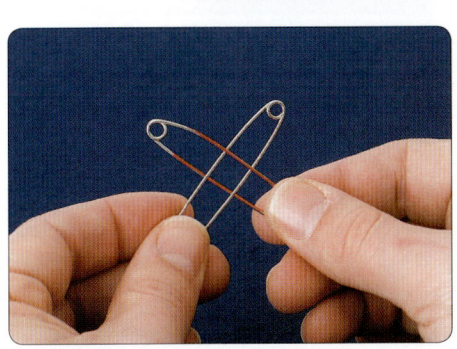

10 핀을 거꾸로 돌리면서 마지막으로
핀이 위가 아니라 아래를 관통하
도록 만들겠다고 말한다.

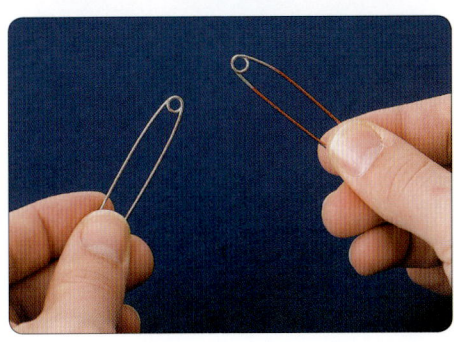

11 핀을 당기면 옷핀이 서로 통과해
서 떨어진다.

23 핀 크레디블

pin-credible

옷핀 5개에 각각 다른 색깔의 구슬을 끼운다. 등을 돌린 채 관객을 향해 뒤로 양손을 내민다. 관객이 당신의 손에 핀 하나를 올려놓고 나머지는 숨긴다. 당신은 손에 놓인 옷핀 구슬의 색깔을 맞힌다.

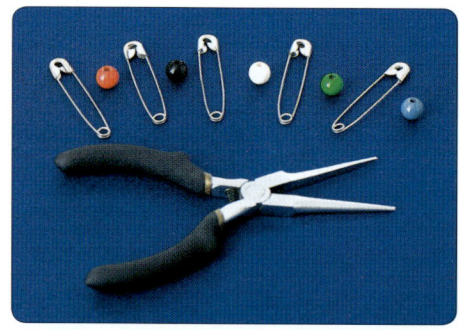

1 똑같은 크기에 색깔만 다른 구슬 5개를 준비한다. 큰 옷핀 5개와 펜치도 필요하다.

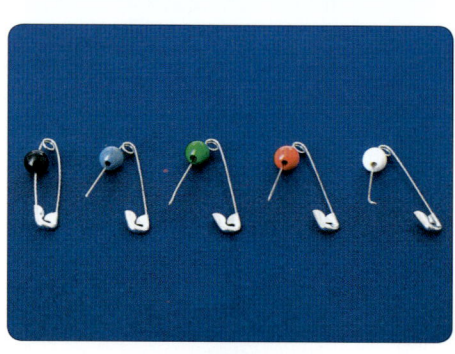

2 옷핀에 전부 구슬을 끼운다. 이제 각 옷핀을 구별할 수 있도록 준비를 해야 한다.

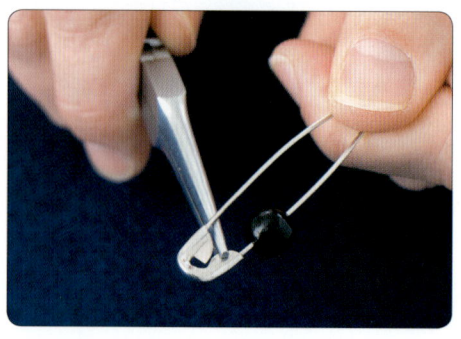

3 펜치로 검정 구슬 옷핀의 머리 부분을 꽉 조인다.

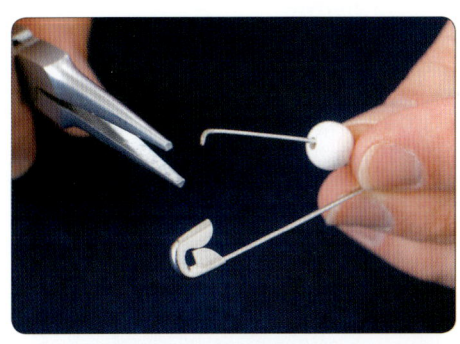

4 하양 구슬이 끼워진 옷핀의 끝부
분을 구부린다.

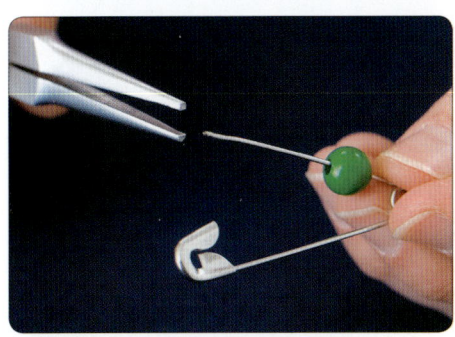

5 초록 구슬 옷핀의 끝부분을 여러
번 구부려서 다른 옷핀들과 구분
되도록 만든다.

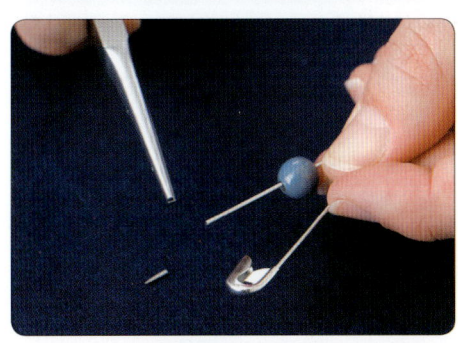

6 파랑 구슬 옷핀의 끝부분은 잘라
낸다. 이렇게 하면 다섯 개의 옷핀
은 잠겨 있을 때는 똑같아 보이지
만 열면 구분할 수 있게 된다.

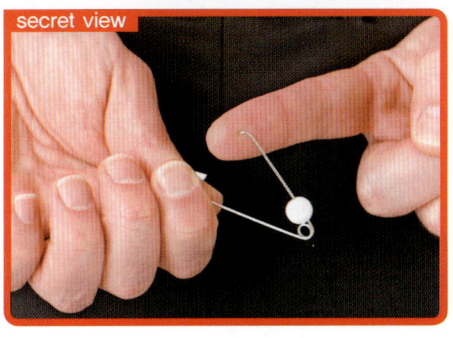

secret view

7 뒤돌아선 상태에서 옷핀을 받고
다시 뒤돌면서 재빠르게 옷핀을
열어서 만져 본다. 옷핀 끝부분의
느낌에 따라 어떤 색깔인지 알 수
있다. 색깔을 말하고 다시 한 번
보여 주겠다고 한다.

세이프티 핀 어 트레이션

safety pin-a-tration

옷핀이 손수건에 꽂힌 상태에서 이동한다. 낡은 손수건으로 원리가 이해될 때까지 연습해 본다. 동작을 제대로 익히면 효과적으로 시연할 수 있다.

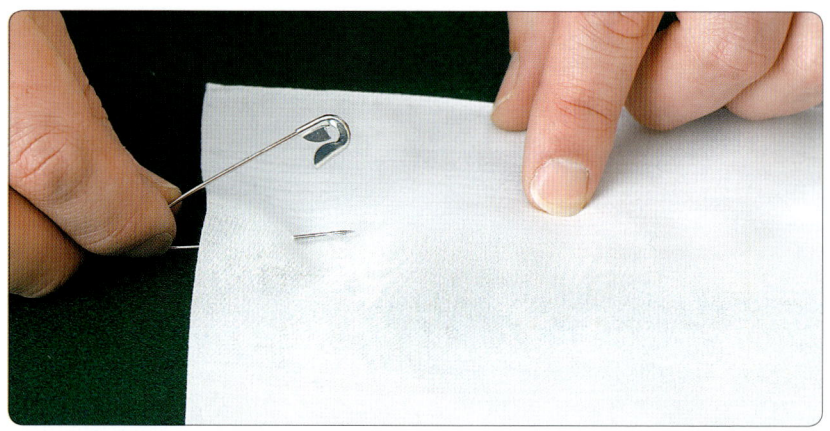

1   사진처럼 손수건 한쪽 귀퉁이에 옷핀을 꽂는다.

2   옷핀의 열린 머리 부분이 손수건에 닿고 당신 쪽을 향하도록 꽂는다. 핀을 아래로 내리면 손수건이 손상되지 않은 상태로 핀의 잠금장치를 지나 내려간다. 이것이 첫 번째 단계이다.

3 손수건으로 옷핀을 세 번 감싼다. 오른손으로 핀 아래에서 손수건을 잡고 잡아당긴다.

4 옷핀이 여전히 닫힌 상태에서 손수건을 빠져나온다. 손수건에도 손상이 없다.

25 도미노 웨이

domi-no-way

준비물로 순자가 적힌 도미노 세트가 필요하다. 마술 결과에 대한 예측이 들어 있는 봉투를 관객에게 보여 주고 한쪽으로 치워 놓는다. 두 명의 관객에게 도미노 세트를 주고 실제 게임에서처럼 각 숫자와 다음에 오는 숫자가 같도록 배열하게 한다. 시작에 어떤 숫자를 놓는지는 상관없다. 관객에게 도미노 맨 끝의 숫자 두 개를 적으라고 한다. 관객이 예측이 들어 있는 봉투를 열자 놀랍게도 당신의 예측이 들어맞았다. 정확하게 알아맞히는 신기한 능력을 보여 줄 수 있는 마술이다.

1 이 마술의 속임수는 매우 쉽다. 도미노 세트에서 한 조각을 빼내고 그 숫자를 종이에 적는다. 그 숫자를 적어서 봉투에 넣고 봉한다.

2 테이블에 봉투를 놓고 관객 두 명에게 위의 설명과 같이 도미노를 배열하라고 말한다.

3 옆에 놓인 숫자끼리 일치해야 하므로 맨 마지막 숫자는 당신이 예측한 것과 똑같은 숫자가 된다. 당신의 예측이 맞았음을 보여 주면 된다.

26 빨대 분리하기

straw penetration

빨대 두 개를 감아 연결한다. 빨대를 잡아당기면 그대로 분리된다. 사진에서는 이해가 쉽도록 색깔 있는 빨대를 사용했다.

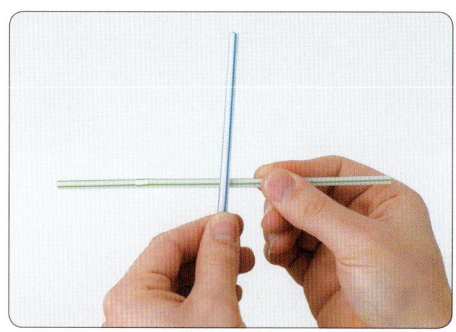

1 왼손으로 빨대를 세로로 들고 오른손은 가로로 든다. 관객의 시각에서 가로로 든 빨대가 세로로 든 빨대의 앞에 온다.

2 사진처럼 세로 빨대의 끝 부분을 구부려 가로 빨대에 감는다.

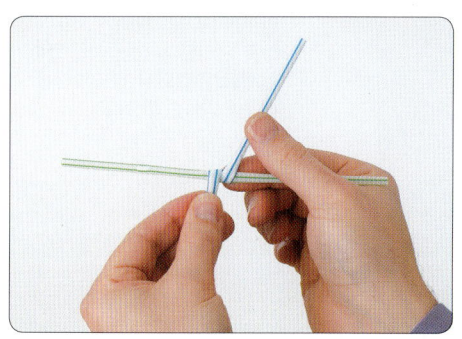

3 처음의 십자 모양처럼 세로 빨대를 한 번 더 감는다.

4 이제 가로 빨대의 오른쪽을 뒤쪽으로 하여 세로 빨대를 감아서 다시 십자 모양이 되도록 한다.

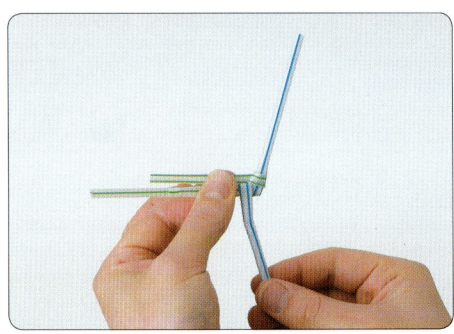

5 가로 빨대를 한 번 더 감아 가로 빨대의 양쪽 끝이 모두 왼쪽을 향하도록 한다.

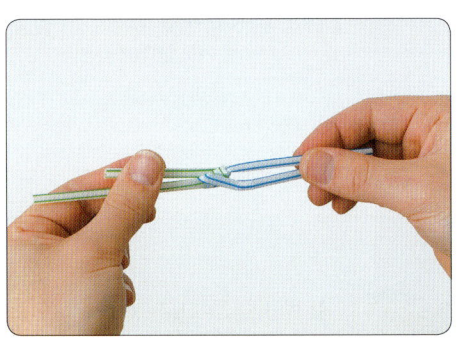

6 세로 빨대의 양 끝도 모아서 양손으로 각각 빨대를 하나씩 잡는다.

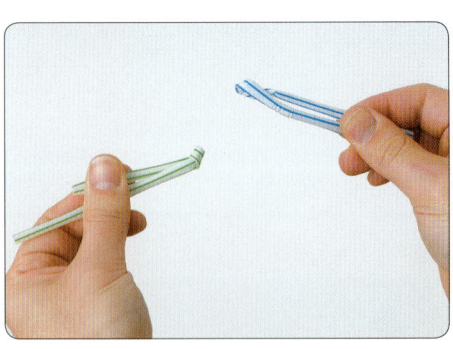

7 양손을 당기면 빨대가 서로 관통하듯 분리된다. 이는 사실 빨대가 실제로 연결되지 않도록 감았기 때문에 가능한 마술이다.

27 바나나 자르기

banana splitz

껍질을 벗기지 않은 바나나가 관객이 원하는 수대로 잘라진다. 카드를 통한 관객 참여가 이루어지고 관객에게 선택권을 주므로 더욱 신기해 보이는 마술이다.

1 바나나를 똑같이 세 등분하여 바늘로 자른다. 그렇게 해도 바나나는 정상적인 모습으로 보인다.

2 접시에 바나나를 올려놓고 에이스 패에 상관없이 2, 3, 4, 5로 된 카드 5장을 보여 준다. 사진처럼 에이스가 맨 위로 와야 한다.

3 한 번에 한 장씩 내리면서 카드를 셔플하다가 한 번 더 반복해서 셔플 전 상태로 되돌린다. 관객에게 3과 4 중에서 선택하도록 한다. 이것을 마술용어로 '포스(force)'라고 한다. 카드를 아래로 향한 채 한 장씩 위로 올리는 동안 관객에게 '그만'을 말하라고 한다. 그사이 첫 번째와 두 번째 카드는 지나간다. 따라서 관객은 마지막 카드를 꺼내기 전에 '그만'을 외치기 되므로 마술사는 3이나 4에서 손이 멈추게 된다.

4 만약 4에서 멈추었다면 바나나를 네 조각으로 잘라 보겠다고 말한다. 3에서 멈췄다면 세 조각으로 격파하겠다고 하고 세 번 격파하는 시늉을 한다.

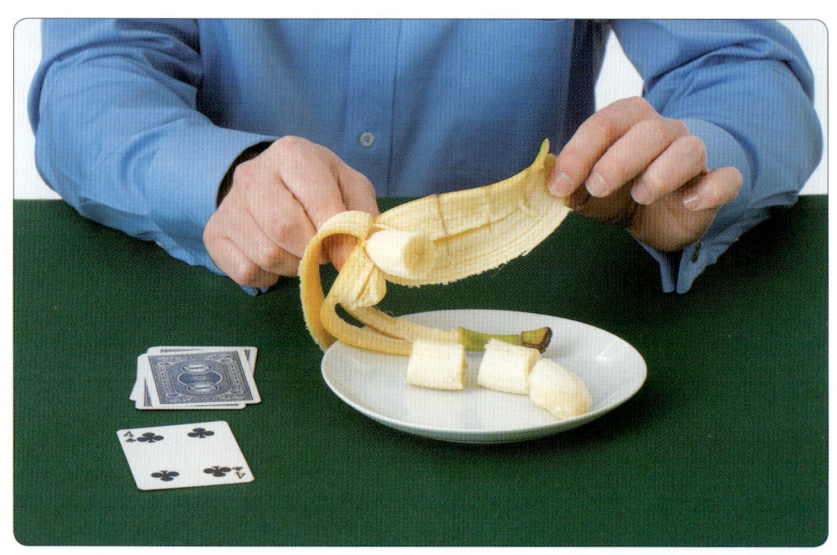

5 껍질을 조각 난 바나나를 접시에 담은 뒤 관객에게 한 조각씩 나눠 준다.

LESSON

28 키스 미 퀵

kiss me quick

관객이 선택한 카드를 덱으로 셔플한 후 카드 상자에 넣는다. 관객이 덱에 키스를 날린다. 덱에서 카드를 꺼내자 중간에 뒤집어진 채 립스틱 자국이 찍힌 카드가 있다. 그것이 바로 관객이 선택한 카드이다.

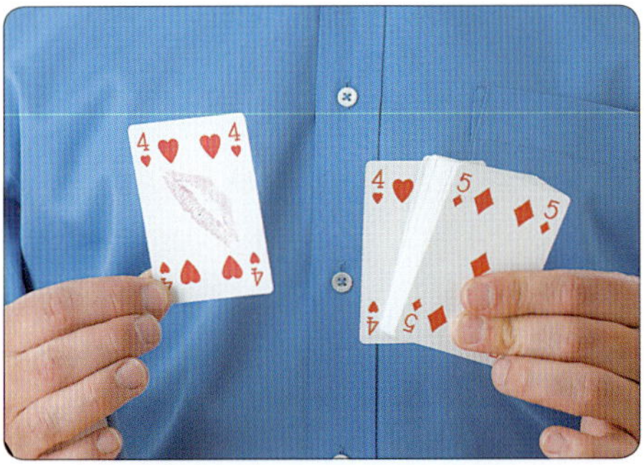

1 카드 한 장에 립스틱 표시를 한다. 똑같은 모양의 카드를 한 장 더 준비해서 덱의 맨 위에 놓는다.

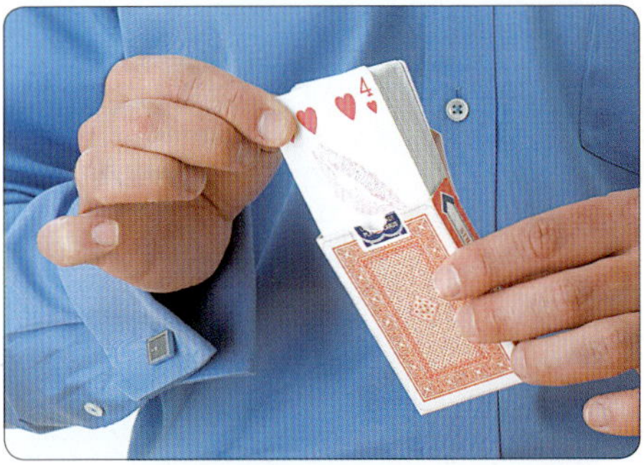

2 '키스 카드'가 끝에 놓이도록 덱을 상자에 넣는다.

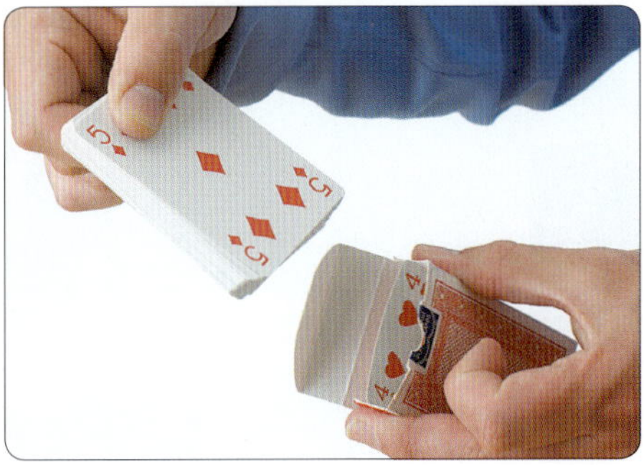

3 마술을 시연할 때는 덱의 키스 카드를 남기고 카드를 전부 꺼낸다.

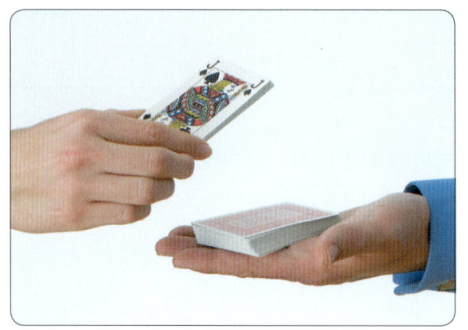

4 관객에게 키스 카드와 같은 카드를 맨 위에 둔 채 포스한다(이때 카드는 뒷면이 위로 와야 한다). 손바닥에 덱을 놓고 관객에게 카드를 약간 뽑으라고 한 뒤 카드를 뒤집어 앞면이 위로 오도록 돌려 놓으라고 한다.

5 관객에게 덱에서 카드를 더 많이 뽑아 다시 뒤집어 앞면이 위로 오도록 해서 자리에 놓으라고 한다.

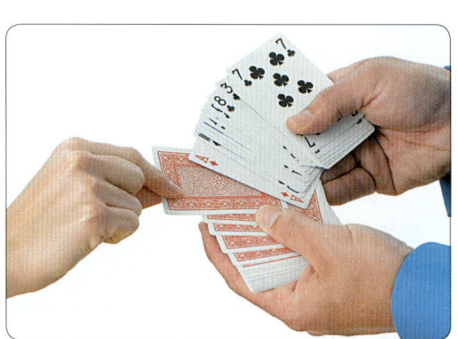

6 앞면이 아래로 놓인 카드 중 첫 번째가 관객의 카드가 될 것이라고 설명한다. 덱을 펼치면 뒷면으로 놓인 카드 중 첫 번째는 당신이 준비한 카드와 같은 카드가 될 것이다. 이 기술은 마술용어로 '컷 디퍼 포스(cut deeper force)'라고 한다.

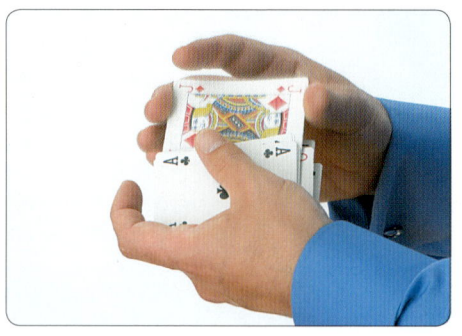

7 관객에게 그 카드를 기억하라고 한 후 덱에 올려놓는다. 덱을 셔플한다.

8 덱을 상자에 넣는다. 이때 덱이 키스 카드의 반대쪽을 향하도록 넣어 키스 카드가 덱의 중간쯤에 놓이도록 해야 한다.

9 빨간색 립스틱을 칠한 여성 관객이 덱을 향해 키스를 날린다.

10 상자에서 덱을 꺼내 뒷면이 아래로 향하도록 카드를 펼친다. 이중 반대로 되어 있는 한 장의 카드가 바로 선택한 카드이자 키스 카드이다.

29 지폐 통과시키기

penetrating banknote

접힌 지폐가 고무줄을 통과해서 나온다. 미리 준비한 지폐만 있으면 언제든지 시연할 수 있다.

1 지폐를 세로로 반듯하게 접는다.

2 접은 부분을 펴고 중앙의 선에 맞추어 반으로 접는다.

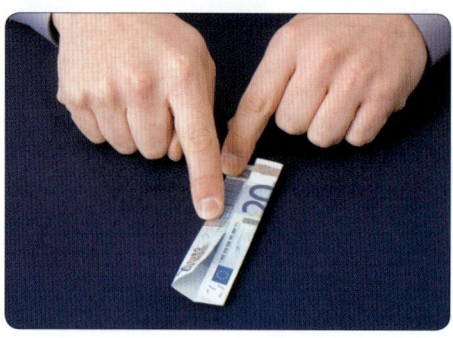

3 반대쪽도 똑같이 한다. 반듯하게 잘 접어야만 마술이 성공할 수 있다.

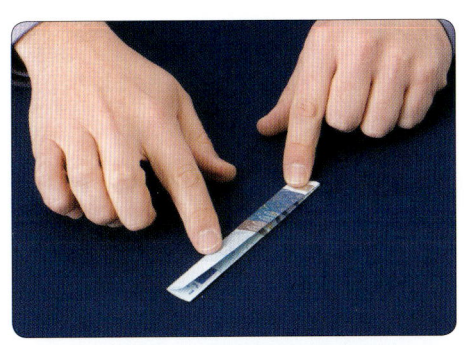

4 사진처럼 처음 접은 부분을 따라 다시 접는다.

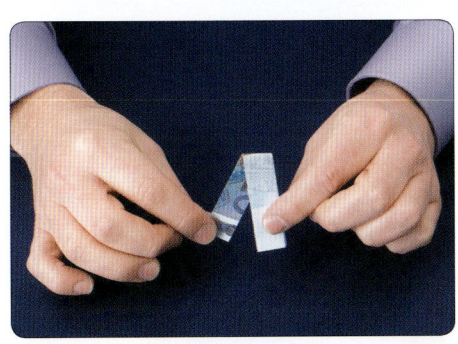

5 지폐를 비스듬하게 반으로 접는 다. 손을 놓아도 모양이 유지되도 록 꾹 누른다.

6 사진처럼 접힌 부분 옆에 V자 모 양으로 칼자국을 낸다. 지폐의 한 층에만 칼자국을 만들어야 한다. 이제 모든 준비가 끝났다.

7 마술 시작 전 지폐를 손끝으로 들 고 펼쳐서 보여 준다. 잘 보이지는 않지만 검지로 칼자국을 가려도 된다.

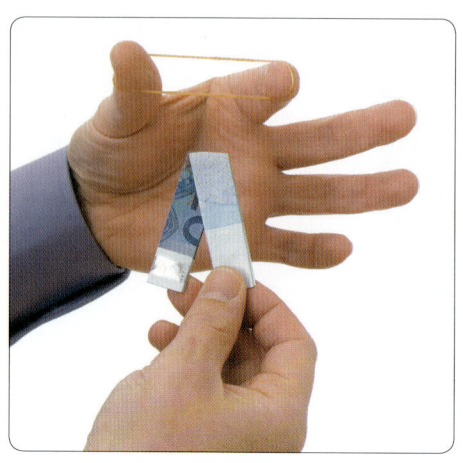

8 지폐를 다시 접어 왼손 엄지와 검지 사이에 고무줄을 끼운다. 접은 지폐를 고무줄 아래로 가져간다. V가 뒷면이 되도록 잡아야 한다.

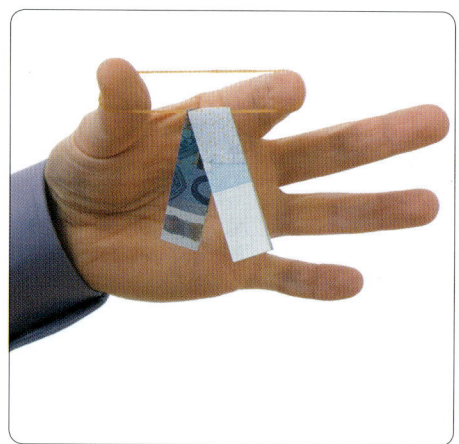

9 고무줄 아래쪽에 지폐를 거는 것처럼 보이지만 사실은 V자로 된 칼자국을 거는 것이다. 손을 떼면 접힌 지폐가 고무줄에 걸려 있는 것처럼 자연스러워 보인다.

secret view

10 정면에서 보면 자연스럽지만 뒤에서 보면 지폐의 칼자국이 고무줄에 걸려 있는 모습이 보인다.

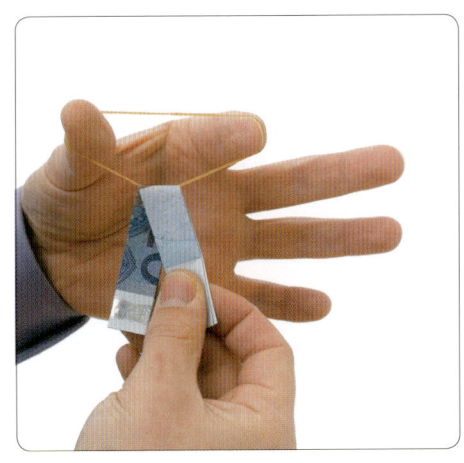

11 지폐를 아래로 당긴다. 고무줄이 움직이는 모습이 효과를 더한다.

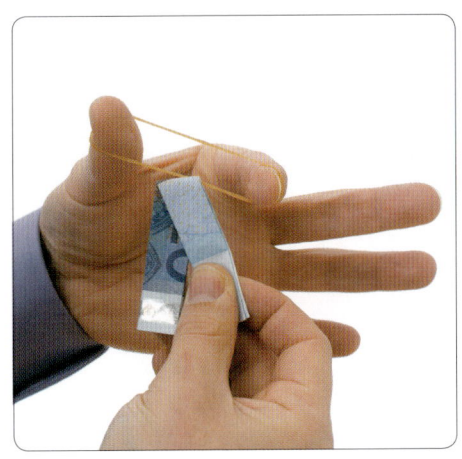

12 지폐를 천천히 문지르면서 V자를 빼낸다. 천천히 지폐를 당기는 모습이 마치 고무줄에서 스르르 빠져나오는 것처럼 보인다.

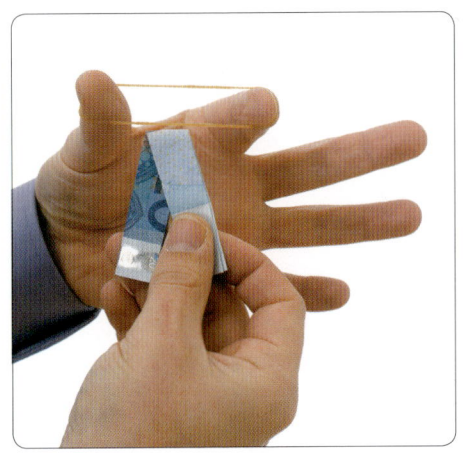

13 마지막으로 고무줄에서 지폐를 완전히 떼어낸다. 원한다면 V자가 보이지 않도록 지폐를 펼쳐서 주머니에 넣어도 된다.

TIP

관객이 지폐를 확인하고 싶어할 때를 대비해 똑같이 접어 놓은 지폐를 주머니에 넣어 두고 칼자국이 없는 지폐를 꺼내 보여준다.

30 이스케이핑 잭

escaping jack

마술사가 중앙에 구멍 뚫린 카드와 그와 똑같은 구멍이 뚫린 봉투를 관객에게 보여 준다. 봉투에 카드를 넣고 구멍에 끈을 넣어 연결한다. 카드와 봉투가 끈으로 연결된 상태에서 실을 당겨 봉투를 찢으면 카드가 찢어지지 않은 빠져나온다. 카드 대신 해리 후디니(탈출 마술의 대가)의 사진을 사용해서 재미를 더해도 된다.

1 카드 한 장과 구멍 뚫는 펀치, 50cm의 얇은 끈, 가위, 카드보다 큰 봉투를 준비한다.

2 가위로 봉투 맨 아래를 얇게 잘라 내 봉투의 바닥이 뚫리게 만든다.

3 봉투 가운데에 구멍을 낸다.

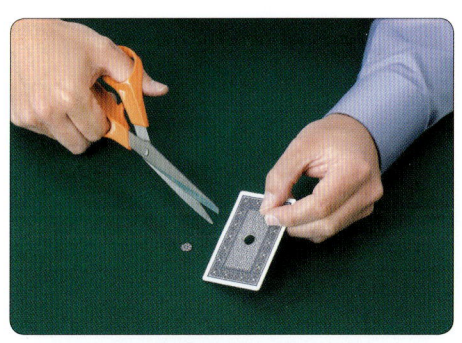

4 가위나 칼로 카드 중앙에 조그만 구멍을 뚫는다.

5 관객에게 카드 양면과 봉투를 보여 준 후 천천히 카드를 봉투에 집어넣는다.

secret view

6 사진처럼 카드를 더 눌러 봉투 아래로 살짝 나오도록 한다. 이 모습은 사진처럼 왼손에 가려 보이지 않는다.

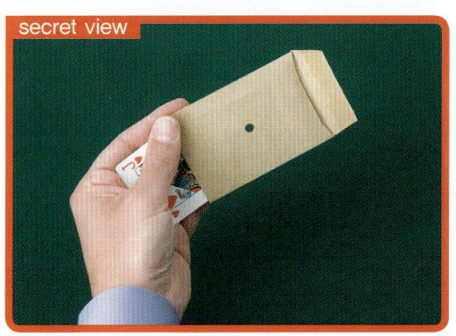

secret view

7 봉투 구멍 사이로 카드가 보이지 않도록 카드를 충분히 아래로 내린다.

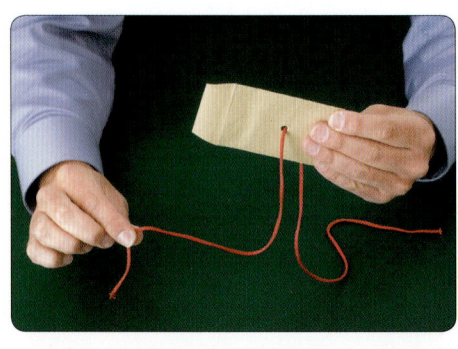

8 앞에서는 모든 것이 정상적으로 보인다. 구멍에 끈을 끼운다.

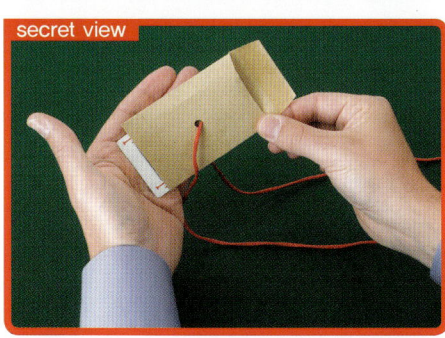

9 끈이 구멍으로 들어가는 순간 카드를 봉투 안으로 완전히 밀어 넣는다.

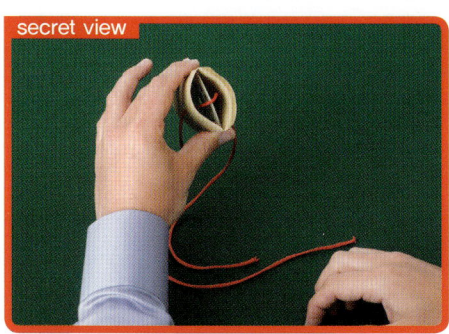

10 사진처럼 끈이 카드 위쪽에 걸려 있게 된다.

11 봉투를 봉하고 관객에게 양면을 보여 주어 끈이 구멍에 확실히 들어갔음을 확인시킨다.

12 한 손으로 봉투를 꽉 잡고 다른 손으로는 끈의 양 끝을 잡는다.

13 끈을 당겨서 봉투를 찢는다.

14 찢어지지 않고 멀쩡한 모습의 카드를 꺼내 보여 준다.

TIP

관객에게 보여 주기 전에 여러 번 확실하게 연습한다. 한 번에 봉투를 여러 장 준비해 놓는 것이 좋다.

31 벽에 붙은 카드

card on wall

이것은 '천장에 붙은 카드(card on ceiling)'라는 고전적인 마술이다. 선택된 카드에 서명을 하고 덱을 셔플한다. 덱을 공중으로 던지면 선택된 카드가 빠져나와 천장에 붙는다. 하지만 천장에 붙은 카드를 떼어내기 어렵기 때문에 이와 같은 마술을 싫어하는 사람들이 많다. 여기에서는 벽을 망치지 않고 어디에서나 시연할 수 있는 간단한 마술을 소개한다. 천장에 던지는 방법만큼 효과가 뛰어나다. 천장 대신 벽이나 유리 액자 등에 카드를 붙인다.

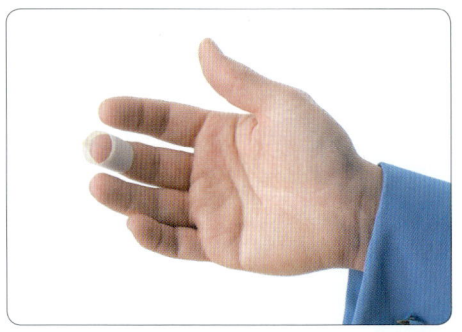

1 카드 덱과 테이프가 필요하다. 테이프 접착면이 바깥으로 오도록 고리 모양으로 만든다. 오른손 가운뎃손가락에 느슨하게 감아 쉽게 빠질 수 있도록 한다.

2 관객이 카드를 선택할 수 있도록 부채꼴로 덱을 펼친다.

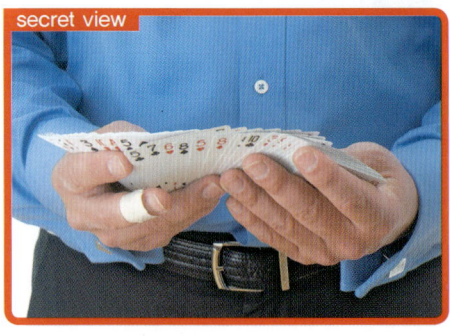

secret view

3 테이프가 덱에 달라붙지 않도록 조심한다.

4 관객에게 카드를 뽑고 자신이 뽑은 카드가 무엇인지 기억하라고 말한다.

5 선택한 카드를 덱의 맨 위에 돌려 놓는다.

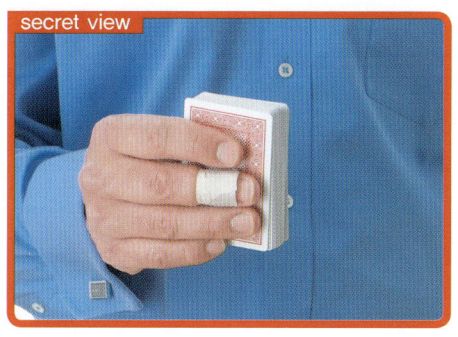

6 덱을 뒤집어 테이프를 카드 뒷면에 붙이도록 한다. 테이프 고리에서 손가락을 빼낸다.

7 셔플 준비를 한다. 테이프가 관객에게 보이지 않도록 주의한다.

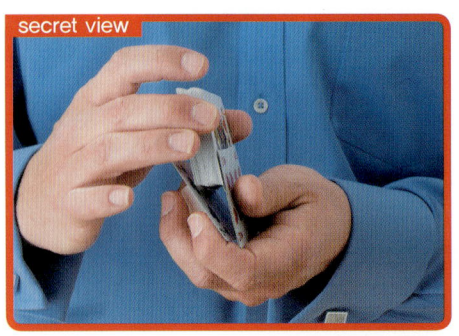

8 사진처럼 오버핸드 셔플로 선택된 카드가 계속 덱의 뒤쪽에 있도록 한다. 카드를 한 차례 들 때마다 앞 카드와 뒤 카드를 꽉 쥐어 선택된 카드가 움직이지 않도록 한다. 앞에서 보면 자연스러운 셔플처럼 보인다.

9 사진처럼 카드를 구부려 벽으로 팅길 준비를 한다. 테이프가 보이지 않도록 조심한다. 테이프가 붙은 카드가 벽을 향하도록 조준한다.

10 벽으로 카드를 팅긴다. 관객이 선택한 카드는 벽에 붙고 나머지는 바닥으로 떨어진다.

11 선택된 카드가 벽에 붙은 모습을 가리키며 멋지게 마무리한다.

TIP

카드가 전부 바닥으로 떨어지므로 오래된 덱을 사용하면 좋다. 트릭을 들키지 않도록 마술이 끝난 후에는 카드를 직접 정리한다.

32 움직이는 성냥갑

spooky matchbox

손등 위에서 성냥갑이 똑바로 일어서고 뒤로 기울어지기도 한다. 이것은 마술사들이 대부분 가장 먼저 배우는 기술이지만 멋진 효과만큼의 진가를 알아 주는 사람은 많지 않다. 성냥갑만 있으면 어디서든 보여 줄 수 있으니 열심히 연습하기 바란다. 익숙해지면 최소한의 움직임만으로도 성냥갑을 마음대로 세우거나 누일 수 있다.

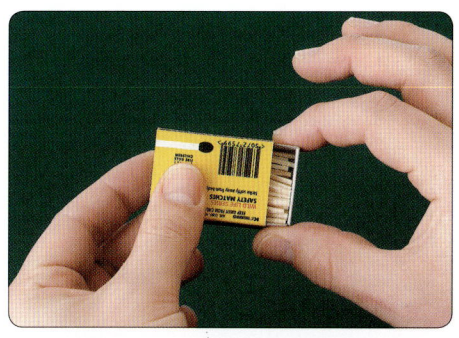

1 성냥갑 덮개를 빼서 거꾸로 둔다.

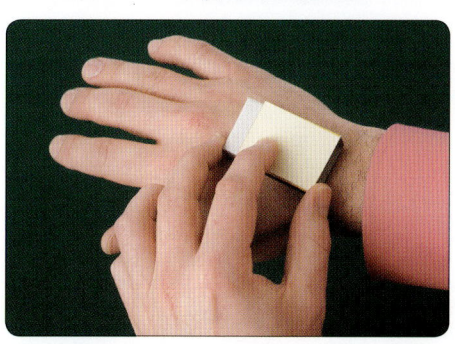

2 오른손 손바닥이 바닥을 향하게 한 뒤 약간 열린 성냥갑을 뒤집어 손등에 놓는다. 성냥갑의 열린 부분은 손가락 뼈 바로 위에 둔다.

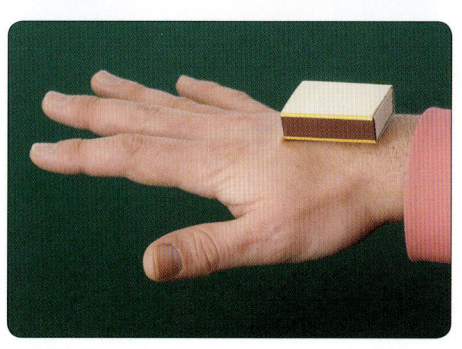

3 성냥갑을 아래로 밀어서 닫는다. 이때 손등의 살을 성냥갑 틈에 끼운 채 닫아야 한다. 전혀 아프지 않으니 걱정하지 않아도 된다. 이 경우 손가락을 약간 위로 들어야 할 수도 있다. 하지만 손은 완전히 곧게 펴야 한다.

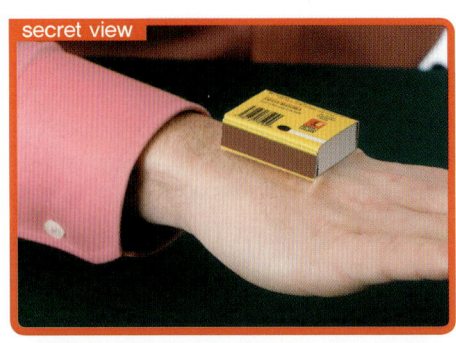

4 사진은 손등의 살이 성냥갑에 집힌 채로 닫혀 있는 모습을 잘 보여준다.

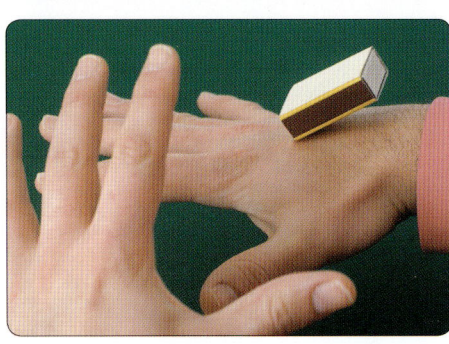

5 손가락을 최대한 쫙 펴서 늘리면 성냥갑이 천천히 혼자 일어난다.

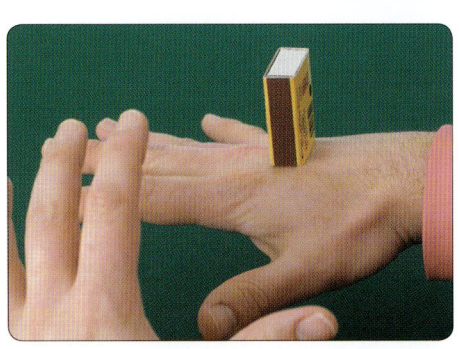

6 성냥갑이 일어날 때 왼손을 움직이면서 미스디렉션을 유도하고 신기한 분위기도 더한다.

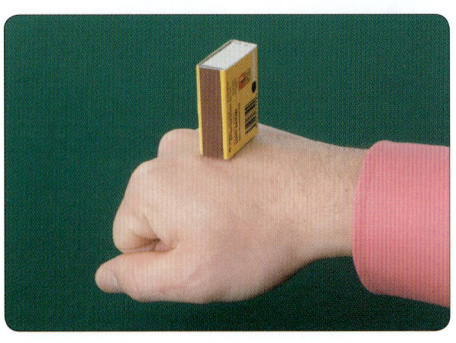

7 주먹을 쥐면 손등의 살이 완전히 빠져나온다.

TIP
살이 집혀 있는 반대쪽에서 마술을 보면 더욱 효과적이다. 관객들에게 보여 줄 때 그 사실을 기억하고 손의 방향을 잡는다.

33 스와핑 체커스

swapping checkers

테이블에 하얀색과 갈색 말이 놓여 있다. 종이로 말을 감싼 상태로 이리저리 섞듯이 움직인다. 어느 쪽에 어떤 색 말이 들어 있는지 관객이 추측하고 마술사가 맞는지 확인한다. 하지만 관객이 확인할 때는 말의 위치가 바뀌어 있다.

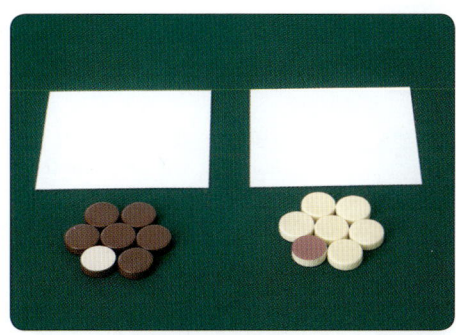

1 갈색과 하얀색 말 각각 7개와 종이 두 장이 필요하다. 갈색 말 하나의 바닥을 하얗게 칠하고 하얀색 말 하나의 바닥은 갈색으로 칠한다.

2 말을 색깔 별로 쌓아 올린다. 바닥의 색깔이 다른 말은 각각 맨 아래에 놓는다.

3 종이로 말을 감싼다. 너무 꽉 감싸지 않는다.

4 종이로 감싼 말을 각각 잡고 섞듯이 움직인다. 어느 색이 어느 쪽에 놓이는지 자세히 보라고 말한다. 관객에게 갈색 말이 어느 쪽인지 맞혀보라고 한다.

5 관객이 선택한 말을 들어서 색을 보여 준다. 물론 미리 색칠해서 준비해 놓은 말이 보인다.

6 두 말의 위치를 바꾸겠다고 말한다. 종이를 빼내면 갈색과 하얀색 말의 위치가 바뀌어 있다.

TIP
말을 스캔하여 실제 크기로 인쇄한 다음 오려서 말의 바닥에 붙이면 더욱 효과적이다.

34 잘라지지 않는 끈

indestructible string

종이로 기다란 끈을 감싼다. 가위로 종이를 잘라도 끈은 그대로이다. 이처럼 물체나 사람을 찢거나 자르거나 톱으로 자른 후에도 원래 상태를 유지하는 '컷 앤 리스토어(cut and restored)'는 마술의 고전적인 테마로 수 백 년 동안 전 세계 관객들을 매료시켰다.

1 10×7.5cm 크기의 종이, 약 50cm 길이의 끈, 가위를 준비한다.

2 종이의 아랫부분을 2.5cm 위로 접는다. 윗부분도 똑같이 접어 아랫부분의 끝과 겹치도록 한다. 이렇게 하면 준비가 끝난다.

secret view

3 접은 종이가 당신을 향하도록 펼쳐서 아래쪽의 접은 자국을 따라 끈을 올려놓는다. 사진처럼 양손의 엄지로 끈과 종이를 잘 잡는다.

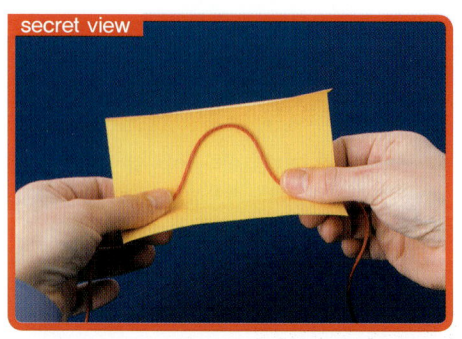

4 아래쪽 접은 부분을 가운뎃손가락으로 올리는 동시에 엄지를 안쪽으로 미끄러지듯 움직여서 끈을 고리 모양으로 만든다.

5 앞쪽에서는 그러한 움직임이 전혀 보이지 않는다.

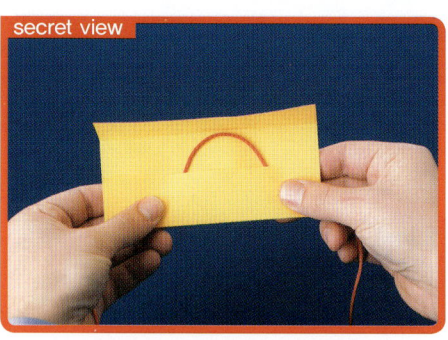

6 사진처럼 아랫부분을 접어올리고 양쪽 엄지로 종이 위에서 끈을 잡는다.

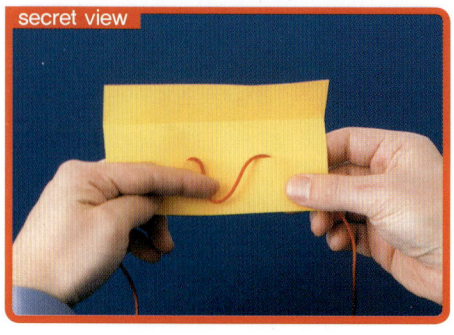

7 양쪽 엄지를 고정한 상태로 왼손 검지로 고리를 아래로 당겨서 내린다.

8 이제 오른손 검지로 종이의 위쪽 부분을 접는다.

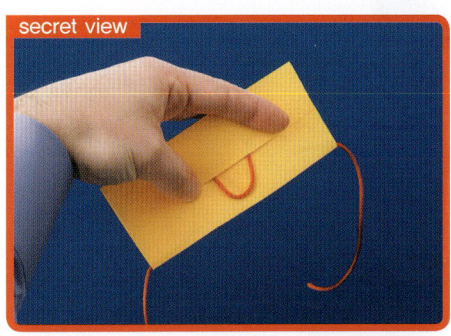

9 사진처럼 왼손으로 종이와 끈을 잡는다. 고리 모양의 끈이 움직이지 않도록 엄지로 잘 잡는다.

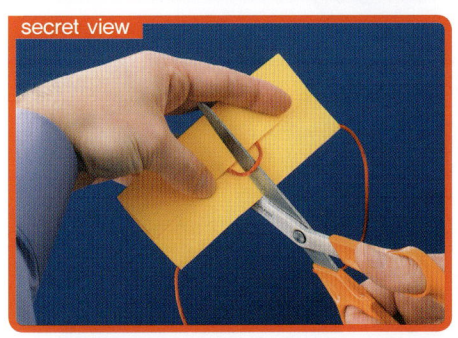

10 오른손으로는 가위로 종이를 자를 준비를 하면서 가위의 윗날을 고리에 넣는다. 손가락이 가윗날 사이에 놓인 채로 종이의 양쪽을 잘 잡고 있어야 한다. 손가락 위치를 잘 조절한다.

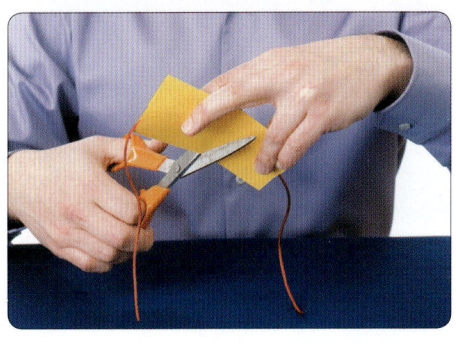

11 앞에서는 종이와 끈을 함께 자르려는 것처럼 보인다.

12 종이를 한 번에 자른다. 자른 종이의 앞부분과 뒷부분이 겹치도록 잡아 뒤에 있는 끈을 숨기고 착시 효과를 연출한다.

13 잘라진 종이를 떼어 끈이 그대로 있음을 보여 준다.

TIP
당신이 왼손잡이라면 손의 위치를 반대로 해서 왼손으로 종이를 자르면 된다.

35 자석 같은 카드

magnetic cards

손으로 소매를 문질러 정전기를 일으켜 손바닥에 카드를 붙인다. 이 마술은 열심히 연습해야만 완벽하게 시연할 수 있다. 하지만 카드를 놓는 데만 익숙해지면 언제든지 성공할 수 있다. 여러 가지 다양한 방법으로 시연할 수 있는 인기 있는 마술이다.

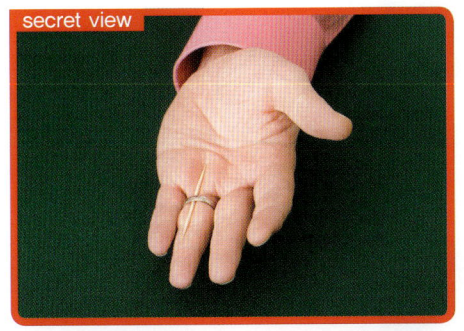

1 이 마술을 시연하려면 반지를 끼고 있어야 한다. 반지에 이쑤시개를 끼워 숨겨 놓은 상태에서 손바닥을 소매에 문질러 정전기를 일으킨다.

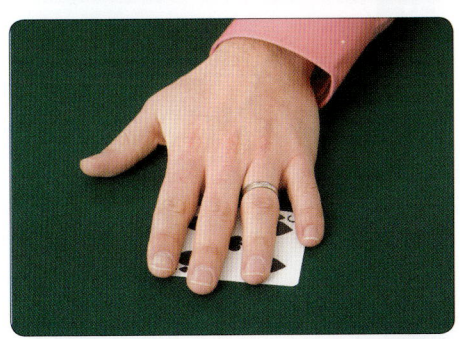

2 테이블에 손을 쭉 펴서 놓고 이쑤시개와 손가락 사이에 첫 번째 카드를 놓는다.

3 사진처럼 두 장의 카드를 첫 번째 카드와 손가락 사이에 비스듬히 겹쳐 둔다.

4 아래에서 보면 카드 3장이 사진처럼 놓이게 된다.

5 조심스럽게 카드를 계속 놓는다. 12장이 될 때까지 꽃잎 모양으로 배열한다.

6 마지막으로 천천히 손을 올리면 마치 자석에 붙은 것처럼 카드가 전부 손바닥에 붙어 있게 된다.

secret view

7 아래에서 보면 카드가 이쑤시개 덕분에 손바닥에 이어진 것을 알 수 있다.

8 테이블에 손을 내리고 다른 손으로 카드를 분리하면서 재빠르게 이쑤시개를 빼낸다. 놀라는 관객들에게 카드를 보여 준다.

36 눈 가리고 그림 따라 그리기

picture perfect

종이를 아홉 조각으로 찢는다. 관객이 종잇조각에 간단한 그림을 그린다. 마술사가 눈가리개를 한 상태로 종이를 만져 그림이 그려진 종잇조각을 찾아낸다. 마술사는 여전히 눈을 가린 상태로 관객이 그린 그림과 똑같은 그림을 그려낸다.

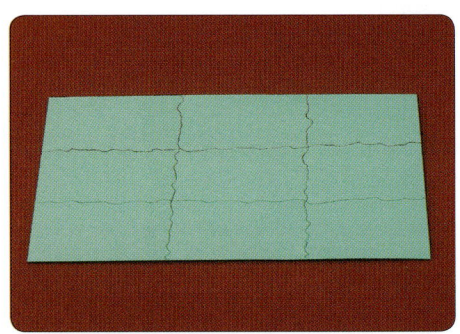

1 사진처럼 넓은 종이를 아홉 조각으로 찢는다.

2 자연스러운 모양으로 찢는다.

3 맨 가운데 있는 것은 네 개의 변이 모두 찢어진 조각이다. 이 조각이 이 마술의 핵심이다. 이 조각을 관객에게 주고 간단한 그림을 그리라고 한다.

4 마술사는 손수건으로 눈을 가린다. 너무 꼭 묶지 않도록 한다.

secret view

5 관객이 그림을 그리고 나면 종잇조각을 전부 섞어 당신의 등 뒤에 놓인 손에 놓아 달라고 한다. 종잇조각을 하나씩 받아들면서 가장자리 부분을 만져 네 변이 모두 찢어진 조각을 찾는다. 바로 그 종잇조각에 그림이 그려져 있다. 그것을 앞으로 가져와서 그림이 그려진 조각임을 보여 준다.

6 손수건으로 눈을 가려도 코 아래로 그림을 볼 수 있다. 종잇조각을 앞으로 가져와서 무슨 그림이 그려져 있는지 살짝 본다.

7 여전히 눈을 가린 상태로 관객이
그린 그림과 같은 그림을 그린다.

8 눈가리개를 풀고 똑같은 그림을
보여 준다.

줄을 빠져나가는 구슬

beads of mystery

두 줄에 걸린 구슬 3개가 감쪽같이 빠져나온다. 이 마술의 원리는 크고 작은 마술에 모두 활용할 수 있다.

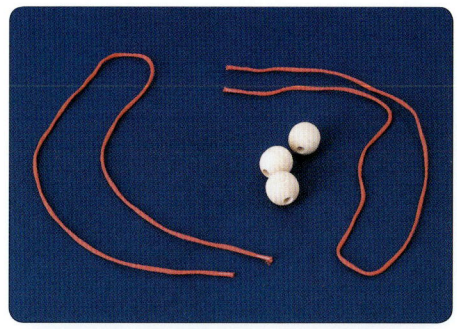

1 큰 구슬 3개와 약 30cm 길이의 얇은 줄 2개가 필요하다.

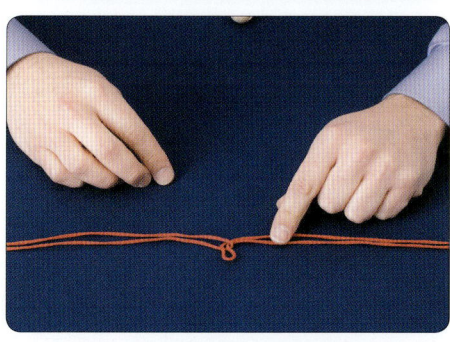

2 줄을 반으로 접은 후 한쪽 줄의 중앙을 다른 줄에 끼워 넣는다.

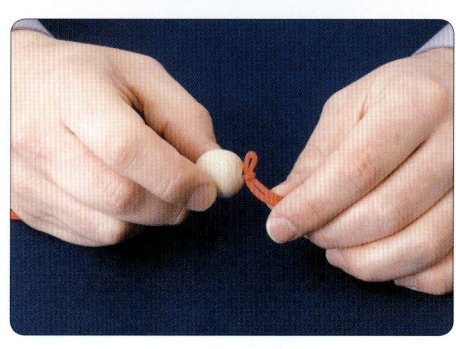

3 오른쪽 줄에 구슬을 끼운다. 고리 모양의 가운데가 구슬 안으로 들어가 보이지 않게 한다.

4 나머지 구슬 두 개도 각각 양쪽에 끼운다. 이렇게 하면 어느 각도에서 보든지 두 개의 줄에 구슬을 끼운 것처럼 보인다. 줄에 고리를 만들었다는 사실은 마술사만 알고 있다.

5 관객에게 줄에 걸린 구슬을 보여주면서 매듭을 묶어 구슬을 더 단단히 고정하겠다고 말한다.

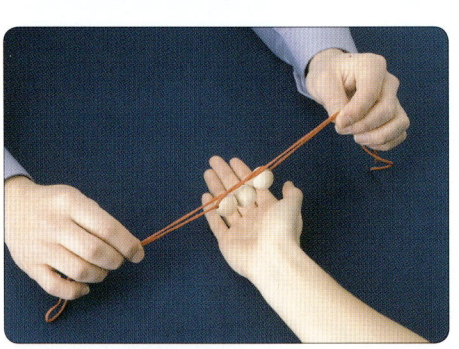

6 줄의 양 끝을 잡고 구슬이 관객의 손바닥에 놓이도록 한다.

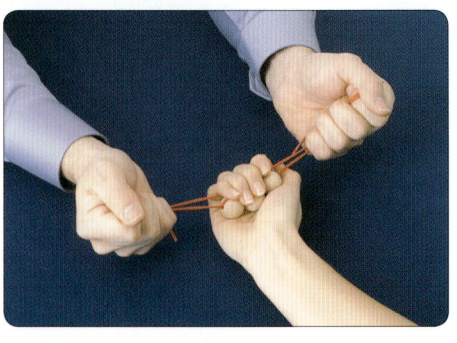

7 관객에게 손으로 구슬을 꽉 잡으라고 말한다.

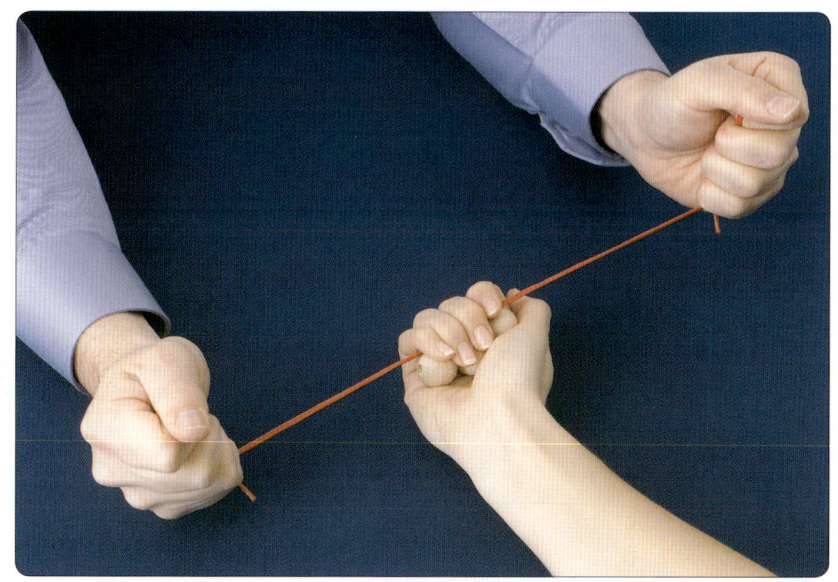

8 　마술사가 줄을 양쪽으로 당기면 구슬이 관객의 손으로 떨어진다.

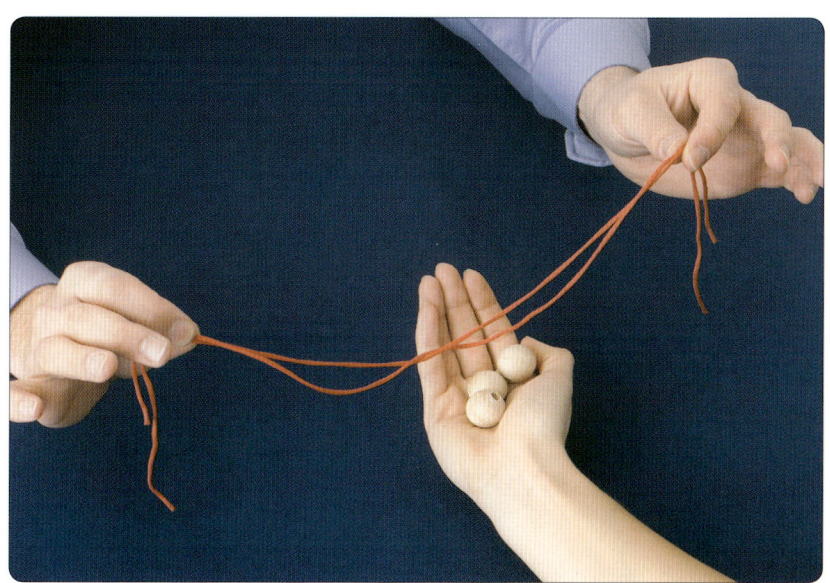

9 　관객이 손을 편 후 줄을 살펴볼 수 있도록 한다.

스위트 투스

sweet tooth

종이접시에 사탕 네 개를 담는다. 접시로 덮은 후 흔들면 사탕이 7개로 불어난다. 접시를 다시 흔들면 사탕이 원래대로 4개가 된다.

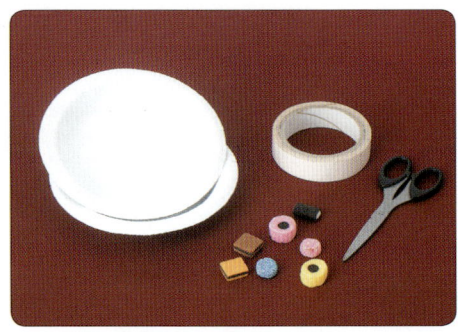

1 종이접시 2개, 양면 테이프, 사탕 7개, 가위를 준비한다.

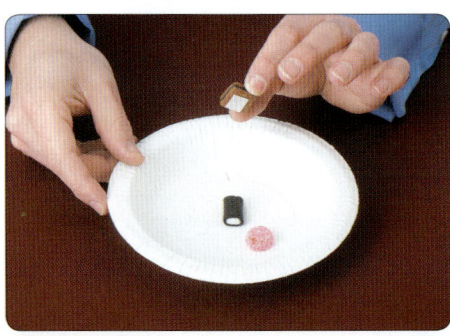

2 양면 테이프를 작게 세 조각으로 잘라 접시에 사탕 3개를 붙인다.

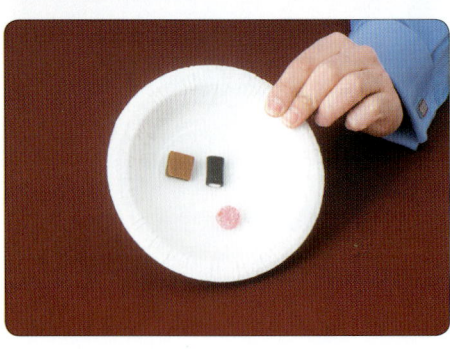

3 사탕을 붙일 때는 아무렇게나 놓은 것처럼 보이도록 해야 한다.

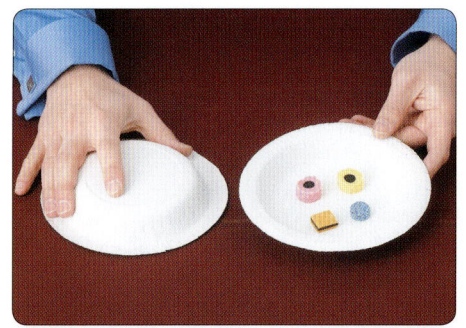

4 　사탕 3개를 미리 붙여 놓은 접시는 아래로 뒤집어 놓는다. 사탕 4개가 담긴 나머지 접시를 관객에게 보여 준다.

5 　뒤집어 놓았던 접시로 사탕이 담긴 접시를 덮는다.

6 　그 상태에서 접시를 세 번 또는 다섯 번 뒤집는다. 이때 안에 담긴 사탕이 움직이는 소리가 들린다. 접시를 홀수만큼 뒤집었으므로 사탕을 붙여 놓은 접시가 아래 놓이게 된다.

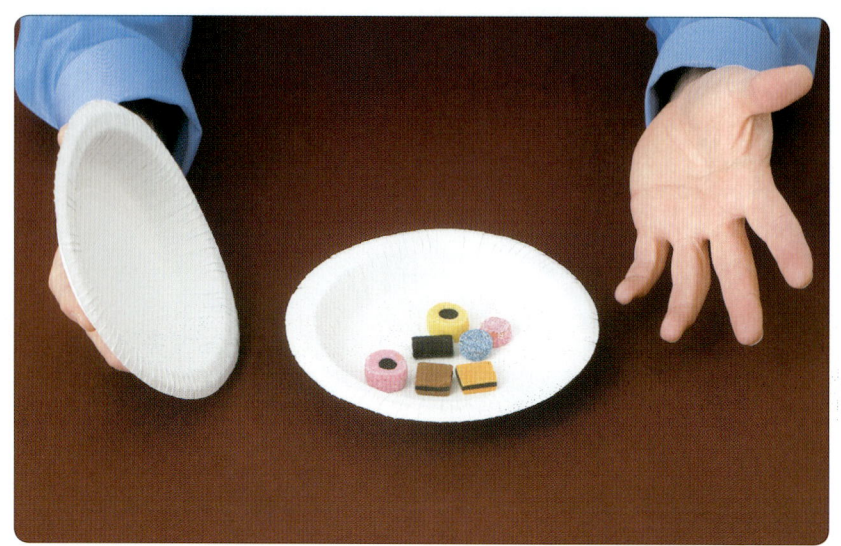

7 접시를 열어 보인다. 관객에게 접시에 놓인 사탕의 숫자를 세보라고 한다. 미리 붙여 놓은 사탕도 포함되어 있으므로 사탕은 3개가 늘어나 7개가 되어 있다.

8 빈 접시를 사탕 접시 아래에 끼우고 사탕을 치우거나 먹음으로써 마술을 마무리하면 된다. 또는 빈 접시로 사탕 접시를 덮은 후 홀수로 뒤집으면 사탕이 붙은 접시가 위로 가게 된다. 위의 접시를 들면 아래 접시에는 사탕이 4개만 남는다.

39 핑퐁 밸런스

ping-pong balance

관객에게 로프와 탁구공을 보여 준다. 놀랍게도 탁구공이 로프 위에서 균형을 잡고 앞뒤로 움직인다. 이처럼 균형과 중력을 무시하는 마술은 마술사들이 좋아하는 테마이며 모든 마술에서 사용된다. 이 마술을 제대로 시연하면 마술사가 공을 마음대로 움직이는 것처럼 보인다.

1 로프의 양 끝에 똑같은 색깔의 가는 실을 꿰매 놓는다.

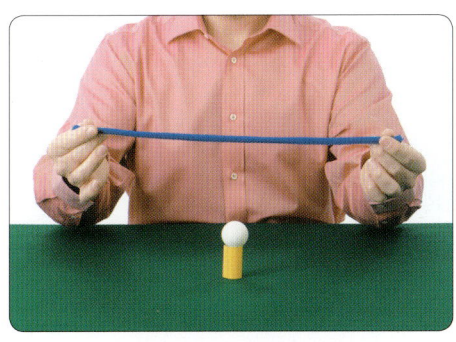

2 종이를 돌돌 말아서 만든 받침대에 탁구공을 놓는다. 양손으로 로프를 잡아당긴다. 로프와 실은 1번 사진처럼 잡는다.

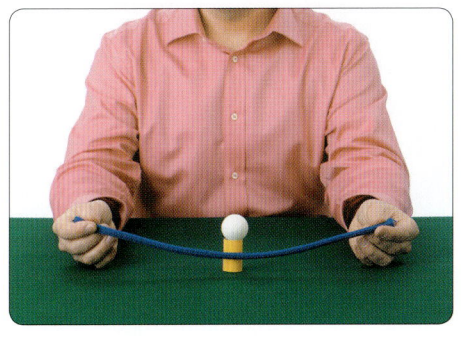

3 로프는 탁구공 앞으로, 실은 뒤쪽으로 오도록 하여 탁구공과 받침대 사이에 끼운다.

4 천천히 로프를 들어 올려 공이 그 위에 균형을 잡고 있는 것처럼 보이도록 연출한다.

5 한쪽으로 로프를 기울이면 공이 떨어지지 않고 굴러간다.

6 양손을 천천히 내려 공을 원래 위치에 놓고 손을 뗀다.

40 중력 제로

zero gravity

종잇조각으로 물이 들어 있는 물병의 입구를 덮는다. 종이를 떼어 내도 물은 여전히 중력을 거스른 채로 쏟아지지 않는다. 물병 안에 이쑤시개를 넣어도 여전히 물은 쏟아지지 않는다. 이 마술은 많은 연습을 필요로 하며, 처음에는 싱크대에서 연습하는 것이 좋다.

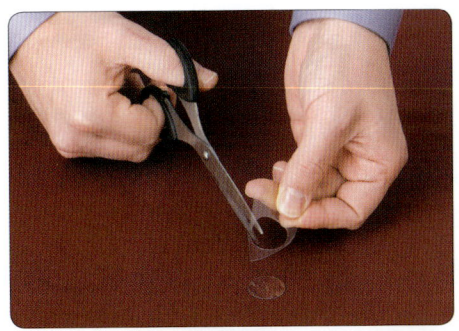

1 이 마술에는 기믹이 필요하다. 투명한 플라스틱 얇은 판으로 물병의 입구보다 약간 큰 동그라미를 만든다.

2 플라스틱 판의 가운데에 구멍을 뚫으면 준비가 끝난다.

3 작게 네모로 자른 종이를 유리컵에 넣어 적신다.

4 종이 뒤에 플라스틱판을 들고 있어야 한다.

5 플라스틱판과 젖은 종이를 병 입구에 놓고 꽉 누른 상태로 병을 거꾸로 뒤집는다.

6 조심스럽게 손을 때면 종이와 물이 고정된 상태가 되는데, 플라스틱판은 남기고 종이만 떼어 낸다.

7 사진처럼 기믹 때문에 물은 쏟아
지지 않는다.

8 플라스틱판의 구멍으로 이쑤시개
를 넣는다.

9 이쑤시개가 물속에서 떠오른다.
이 모습은 실제로 보면 매우 신기
하다.

10 마지막으로 병을 똑바로 든다.

11 이때 몰래 기믹을 떼어 내서 손에
숨긴다.

TIP

플라스틱판이 눈에 띄지 않으므로 클로즈
업 마술로 시연할 수 있다. 좀 더 확실하게
하려면 마술용품점에서 기믹을 구입해서
사용해도 된다.

41 테이크 커버

take cover

성냥갑을 흔들어 안에 성냥이 들어 있음을 보여 준다. 성냥갑을 열면 성냥이 분명히 들어 있지만 성냥갑 뚜껑이 사라지고 없다. 사라진 성냥갑 뚜껑은 마술사의 주머니에서 나온다. 여기에 필요한 장치는 10분이면 간단하게 만들 수 있다.

1 성냥갑 2개와 풀, 가위를 준비하도록 한다.

2 첫 번째 성냥갑의 뚜껑과 상자를 분리한다. 뚜껑의 한쪽 옆면과 앞면을 잘라 낸다.

3 사진에 표시된 것처럼 잘라 낸 것을 성냥갑 아래 상자의 바닥과 옆면에 붙인다.

4 가장자리의 남는 부분은 깔끔하게 잘라 낸다. 두 번째 성냥갑의 뚜껑을 주머니에 넣어 둔다. 이제 첫 번째 성냥갑에 성냥을 넣으면 준비가 끝난다.

5 가짜로 만든 성냥갑을 거꾸로 들어 윗면과 옆면이 관객에게 보이도록 한다. 이때 성냥이 상자에서 빠져나오지 않도록 조심한다. 잘 보라고 말하면서 상자를 흔든다.

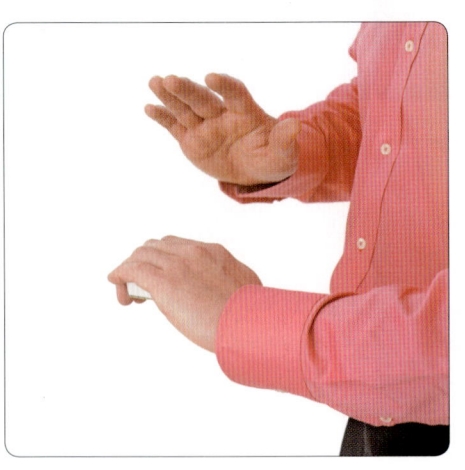

6 손가락으로 상자를 감싼 상태로 손을 뒤집는다. 이제 몸의 왼쪽이 관객을 향하도록 돌아선다.

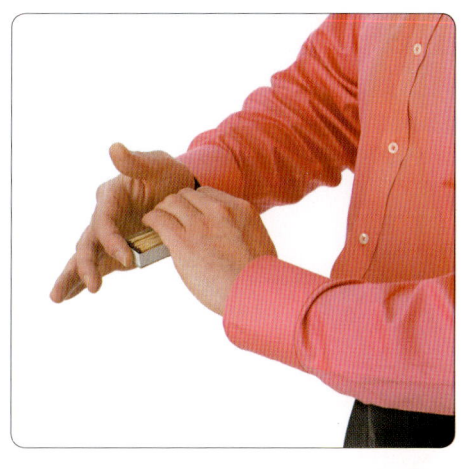

7 왼쪽 엄지로 손에 든 상자를 밀어 오른손으로 잡는다. 이것은 실제로 성냥 뚜껑을 밀어내는 듯한 완벽한 착시 현상을 일으킨다. 붙여 두었던 뚜껑의 윗면과 옆면은 손으로 가린다.

secret view

8 아래에서 본 모습이다.

9 사진과 같은 자세로 잠시 기다린다. 관객은 성냥갑 뚜껑이 당신의 왼손에 있다고 생각한다.

10 왼손을 오므렸다가 펴면 성냥갑 뚜껑이 사라지고 없다.

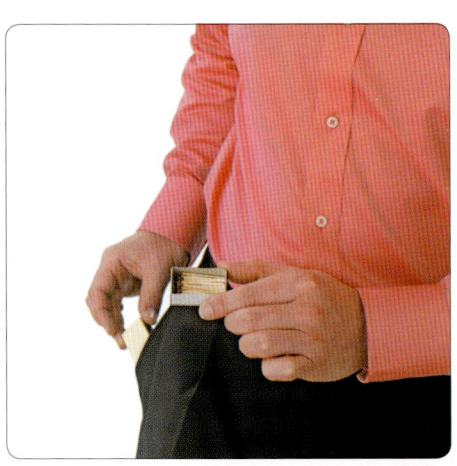

11 성냥 상자를 왼손으로 옮겨 들고 오른손으로는 주머니에서 똑같은 뚜껑을 꺼낸다.

12 성냥이 든 상자에 뚜껑을 끼워서 마술을 마무리한다.

42 마법의 공

enchanted ball

테이블에 놓인 골프공이 염력으로 저절로 움직인다. 이 마술은 세심한 준비가 필요하다. 사람들을 저녁 식사에 초대했을 때 미리 테이블에 준비해 두면 효과적이다.

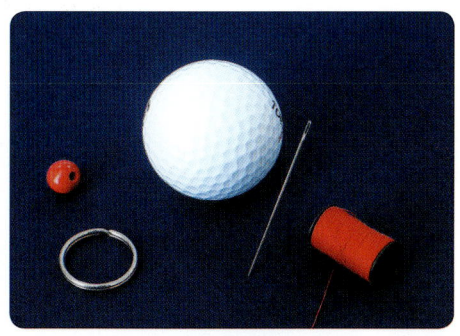

1 골프공과 열쇠고리, 바늘, 낚싯줄, 작은 구슬을 준비한다. 사진에서는 자세히 보여 주기 위해서 큰 구슬과 밝은색의 낚싯줄을 사용했지만 실제로는 가느다란 낚싯줄과 작은 구슬을 사용해야 한다.

2 긴 낚싯줄을 열쇠고리에 연결한다. 이것을 테이블에 올려놓고 낚싯줄은 테이블 끝으로 죽 당겨 놓는다.

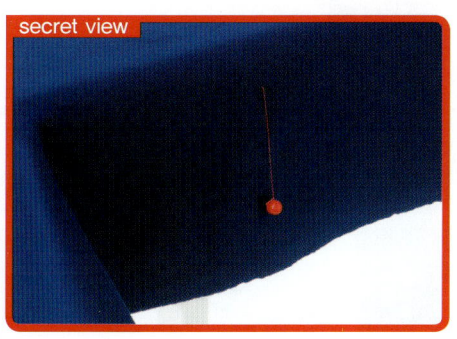

secret view

3 열쇠고리와 실을 테이블보로 덮은 상태에서 낚싯줄을 당신의 옆으로 당겨놓는다. 바늘을 이용해 사진과 같이 낚싯줄이 테이블보를 통과하도록 한 다음 낚싯줄의 끝을 구슬에 매달아 놓는다.

secret view

4 관객에게 골프공을 보여 주고 살펴보라고 한다. 다시 골프공을 받아서 테이블에 놓는다. 이때 골프공은 테이블보 아래에 가려져 있는 열쇠고리 위에 놓아야 한다. 손가락 사이에 구슬을 끼워 놓고 마술을 시작할 포즈를 취한다.

5 골프공 위에서 양손을 흔들면서 뒤쪽으로 움직인다. 그러면 공이 앞으로 움직이기 시작한다. 공이 반대편 테이블에 이르면 위로 들어 올려 던져서 관객이 살펴볼 수 있도록 한다. 이때 구슬은 몰래 테이블 아래로 떨어뜨린다.

43 신기한 머그컵

what a mug!

이것은 마술이라기 보다는 동전과 머그컵만 있으면 친구들에게 보여줄 수 있는 매우 쉽고 재미있는 장난이다. 앞으로 소개할 '컵을 통과하는 동전'을 시연하기에 앞서 웃음을 선사할 수 있다.

1 테이블에 동전을 놓고 머그컵으로 가린다. 관객에게 머그컵을 만지지 않고 동전을 잡겠다고 말한다. 관객이 말도 안 된다고 하면 내기를 해 보자고 제안한다.

2 "정말 간단합니다. 처음부터 머그컵 아래에 동전을 놓지도 않았으니까요."라고 말한다. 관객이 머그컵을 들면 테이블에서 동전을 집어 든다. 그런 뒤 마술사는 '내가 이겼다'라고 말하면 된다.

44 컵을 통과하는 동전

mugged again

앞에서 소개한 '신기한 머그컵' 다음에 시연하면 좋은 마술이다. 컵 아래 동전을 두고 컵을 누른 상태에서 동전을 꺼내는 마술로 이를 위해서는 약간의 기술만 익히면 된다.

1 오른손으로 몰래 동전을 쥐고 손 끝에 그와 똑같은 동전을 놓고 관객에게 보여 준 후 테이블에 놓고 머그컵으로 덮는다.

2 관객이 손으로 컵을 누른 상태에서 그 안에 든 동전을 꺼내겠다고 말한다. 오른손에는 여전히 동전을 숨기고 있다. 이 사진은 당신 쪽에서 본 모습이다.

3 앞에서는 동전이 손에 가려 보이지 않으며 손 모양이 자연스러워 보인다.

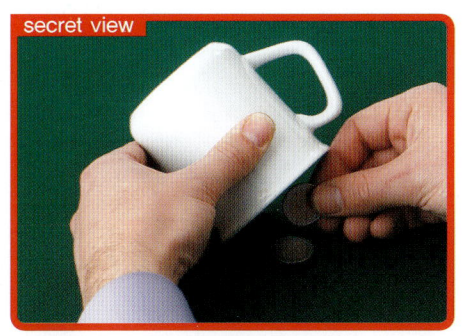

secret view

4 이제부터 재미있는 기술이 시작된다. 머그컵을 기울여 마치 동전을 꺼내려는 것처럼 손을 그 안으로 넣는다. 하지만 실제로는 원래 있던 동전은 그대로 두고, 숨겨둔 동전을 머그컵에서 꺼내는 것처럼 연출한다. 즉 숨겨 두었던 동전의 모습이 관객에게 보이게 되는 것이다.

5 앞에서는 바닥에 있던 동전을 꺼내는 것처럼 보인다.

6 관객에게 손가락으로 머그컵을 누른 상태에서 눈을 감으라고 한다. 관객이 눈을 감았을 때 동전으로 컵을 두드리고 주머니 안에 넣는다.

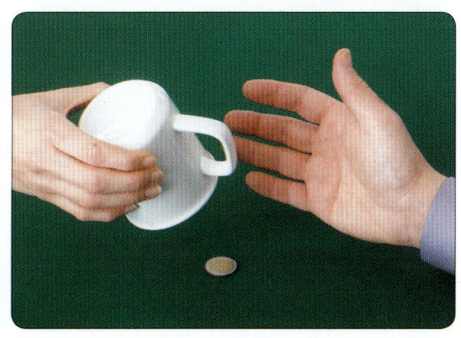

7 관객이 눈을 뜨고 머그컵 아래를 살펴본다. 동전이 여전히 그대로 있다.

TIP

4번 동작은 아무 말없이 실시해야 한다. 단지 테이블에서 동전을 들어 올리는 것처럼 보여야 한다. 그 동작에 관객의 관심이 집중되어서는 안 된다.

Part
02

착시 마술

Part 02에서는 시각적 혼란을 일으키는 2차원 이미지를 비롯해 여러 가지 다양한 착시 효과와 마술을 소개한다. 파티에서 선보여도 좋으며 입체적인 효과를 더해서 스탠드업 쇼에서 활용해도 안성맞춤이다. 지금부터 당신은 도저히 믿기 어려운 광경을 목격하게 될 것이다.

본문 중 secret view는 마술사의 트릭을 담은 사진으로 관객에게는 보이지 않는 장면이다.

눈의 착각을 이용한 착시 마술

우리가 이미지를 보고 해석하는 방법은 눈과 뇌에 의해 결정된다. 하지만 마술과 착시 효과는 보이는 대로만 믿을 수는 없는 특징을 갖고 있다.

뇌는 우리 몸에서 가장 복잡한 기관이다. 우리 몸이 무엇을 하든지 그와 연결된 메시지는 수없이 많은 신경세포를 통해 뇌로 이동한다. 뇌는 좌반구와 우반구의 두 부분으로 이루어진다. 뇌의 좌측인 좌반구는 수학이나 말하기, 쓰기, 읽기처럼 논리적인 부분을 담당하는 반면 우측인 우반구는 이야기하기나 예술적인 활동, 연기, 상상, 꿈꾸기처럼 창조적인 부분을 담당한다.

각각의 기능에 따라 뇌가 활동하지만 때로 뇌는 우리가 보는 이미지를 이해하지 못하기도 한다. 그 이유는 뇌의 우측은 이미지 그 자체를 만들어 내고 좌측은 보이는 이미지에서 논리를 찾아내려고 하기 때문이다. 이처럼 뇌의 기능이 충돌해 혼란을 일으켰을 때 이미지를 이해하지 못하는 현상이 발생한다.

물은 깊이와 거리에 착각을 일으키기도 한다. 사진에서는 배가 깨끗한 물의 표면에 놓인 것이 아니라 공중에 떠 있는 것처럼 보인다.

우리는 주변에서 착시 현상을 흔히 볼 수 있다. 당신은 실제로 사막에서 신기루를 본 적 있는가? 더운 여름날 도로에서도 그와 비슷한 현상이 나타난다. 이러한 현상은 강한 태양열이 모래나 도로에 내리쬘 때 표면의 열기가 상승해 열기로 이루어진 공기층을 만들어져 태양빛이 그 위의 차가운 공기에 다르게 반사되기 때문이다. 이러한 반사 현상을 우리가 볼 수 있는 이유는 공기층이 거울과 같은 역할을 해 하늘을 비추어 물웅덩이가 반짝거리는 착각을 만들어내기 때문이다.

그밖에 흔히 볼 수 있는 착시 현상으로 달리는 자동차의 바퀴가 있다. 차가 빠르게 달리면 바퀴살이 차의 진행 방향의 반대로 돌아가는 것처럼 보인다. 정지한 기차에 탔을 때 창밖으로 천천히 움직이는 기차를 본 적이 있는가? 이때에는 그 기차가 가만히 있고 당신이 탄 기차가 뒤로 움직이는 것 같은 착각이 들기도 한다.

착시 효과를 예술에 활용한 예술가 중에서는 네덜란드의 그래픽 아티스트 M. C. 에셔(M. C. Escher. 1898~1972)가 가장 유명하다. 그는 관점을

사람들은 사막에서 일어나는 놀라운 착시 현상인 신기루 때문에 길을 잃기도 한다. 물을 간절히 필요로 하는 사람들은 액체와 같은 형상의 신기루를 아무리 따라가도 물을 찾지 못한다.

두 사람 모두 실제 사람이며 카메라를 이용한 속임수가 아니다. 줄리안 비버는 관점을 이용해 남자를 카메라에서 멀리 떨어진 곳에 위치시켜 작아 보이도록 했다. 9m 길이의 병은 바닥에 그린 그림이다.

이용해 언뜻 보기에는 이해가 되지만 3차원에서 절대로 존재할 수 없는 물체를 그렸다.

최근 영국 출신의 거리 예술가 줄리안 비버(Julian Beever)는 벨기에에서 활동하면서 도저히 믿을 수 없는 작품이 담긴 사진을 수많은 사람들에게 이메일로 보내 유명해졌다. 그는 대부분 한 각도를 이용해 그림을 그리지만 최적의 관점에서 고유하고 독창적이며 도저히 믿을 수 없는 3차원 이미지를 만들어 냈다. 착시 효과로 유명한 예술 작품으로는 살바도르 달리(Salvador Dali)의 '코끼리를 비추는 백조(Reflections of Elephants)'가 있다. 이 그림은 호수에서 백조 세 마리가 헤엄치는 모습을 그리고 있는데, 수면에 반사되는 모습은 코끼리의 형상을 하고 있어 놀라운 효과를 보여 준다.

마술사도 착시 현상을 활용한다. 예를 들어 색을 칠해 상자가 실제보다 작아 보이도록 한다. 이것은 그 안에 물체나 사람을 숨길 만한 공간이 있음을 의미한다.

이 장에는 곧바로 실행할 수 있는 착시 효과를 이용한 마술과 미리 준비가 필요한 마술이 함께 실려 있다. 간단하지만 효과적인 착시 현상을 활용하면 더욱 멋지게 마술을 연출할 수 있을 뿐만 아니라 친구들에게 재미를 선사할 수도 있다. 이제부터는 주변에 자연스러운 착시 현상이 없는지 주의 깊게 살펴보도록 하자.

일반적인 착시 효과

착시 효과는 자연스럽게 일어나는 것과 인위적으로 만들어진 것 등 여러 가지가 있다. 뇌가 똑같은 크기의 물체를 한쪽이 더 크거나 더 작게 인식하도록 만드는 착시 효과도 있다. 그런가 하면 하나의 그림이 여러 모습으로 보이기도 한다. 이처럼 착시 효과는 주어진 문제에 대해 이성적으로 판단하지 못하도록 만든다.

어느 쪽이 더 긴가?

똑같은 길이의 선이지만 위쪽이 아래쪽보다 짧아 보인다. 이것은 1889년에 발표된 뮐러 라이어(Muller—Lyer) 착시이다.

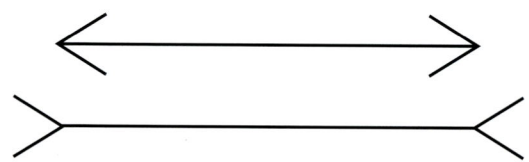

선반이 몇 개인가?

선반이 3개로 보이는가 아니면 4개로 보이는가? 왼쪽 또는 오른쪽에서 보느냐에 따라 선반의 개수가 달라 보인다.

줄어드는 안개

회색 안개 중앙에 있는 점을
바라보고 있으면 안개가 사라
지는 것처럼 보인다.

소 · 중 · 대

아래의 세 개의 남자 사진을 살펴보자. 다음 중 가장 큰 이미지는 무엇인
가? 사실은 모두 크기가 똑같다. 한 점으로 모이는 선이 이미지를 왜곡해
선이 점에 가까워질수록 이미지가 큰 것처럼 보인다.

연결된 선

아래의 두 선 중에서 어떤 선이 위와 연결되어 있는지 쉽게 알아볼 수 없다. 과연 어느 선이 연결되어 있는지 자로 한 번 확인해 보자.

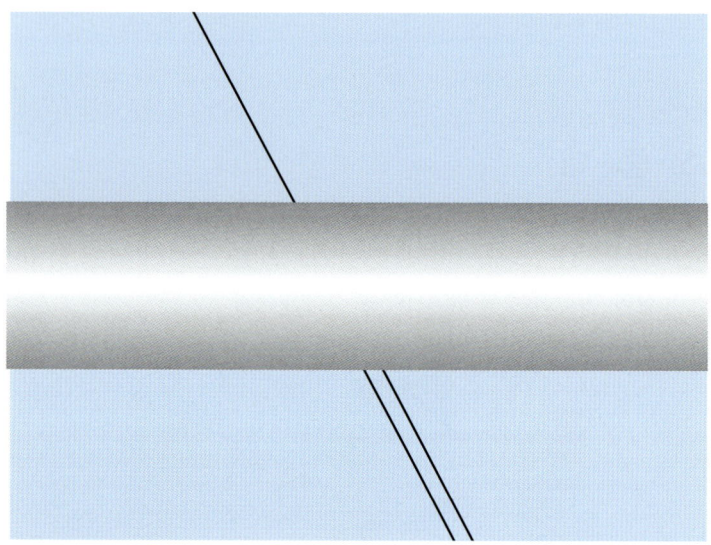

가로와 세로

모자의 세로가 가로보다 긴가? 아니면 가로가 세로보다 긴가? 자로 직접 확인해 보기 전에는 믿기 힘들겠지만 가로와 세로의 길이는 똑같다.

진짜 사각형

아래의 정사각형을 보자. 네 변이 직선인가 아니면 옆쪽이 구부러졌는가?
믿기 어렵지만 네 변 모두 직선이다. 중앙의 원이 사각형의 변을 안으로
끌어당기는 효과를 만들어 네 변이 구부러진 듯한 착시를 일으킨다.

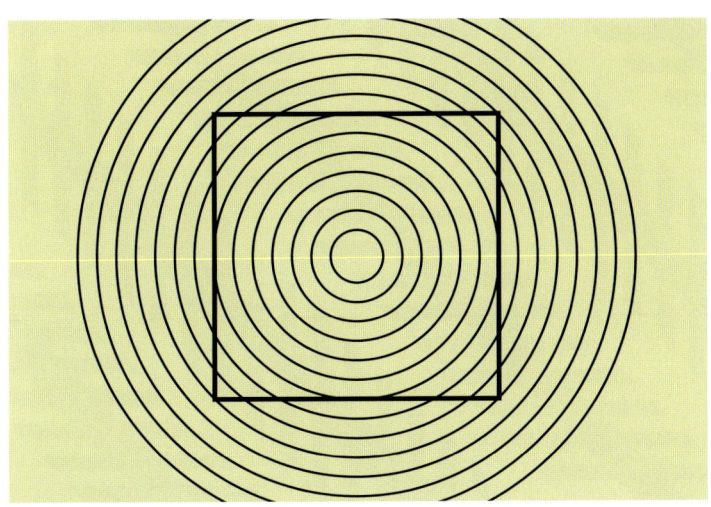

이상한 원

이것은 바로 앞에서 설명한 '진짜 사각형'과 비슷한 착시 현상이다. 큰 원
속의 작은 원은 완전한 원으로 보이지 않는다. 중앙에서 시작되는 선들
때문에 원의 선이 왜곡되어 보인다.

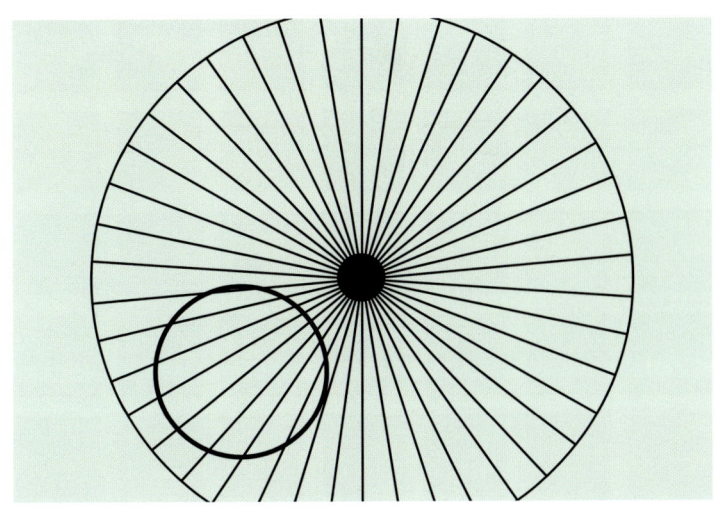

직선? 아니면 휘어진 선?

아래의 직선을 살펴보자. 기울어져 있는 선처럼 보이지만 실제로는 완전한 평행이다. 믿을 수 없다면 자로 확인해 본다.

깜빡임 착시

몇 초 동안 다음의 이미지를 바라보자. 정사각형의 교차점에 있는 검은 점이 깜빡거리는 것처럼 보이는가? 이것은 깜빡임 착시라고 하며 19세기 초기에 처음 발표되었다.

평행선

다음의 가로선은 평행한가 아니면 비스듬하게 기울어져 있는가? 실제로는 완전하게 평행하지만 위로 갈수록 조금씩 뒤로 밀리는 정사각형이 있어서 선이 비스듬하게 모이고 심지어는 부풀어 있는 것처럼 보인다. 타일로 된 벽이나 바닥에서 볼 수 있는 패턴이다.

에스키모?
아니면 인디언?

다음의 사진은 과연 무엇처럼 보이는가? 힌트는 인디언 전사는 왼쪽 얼굴을 보이고 있으며, 에스키모는 몸 전체를 오른쪽으로 돌리고 있다는 것이다.

귀부인? 아니면 할머니?

아래의 그림은 잘 알려진 착시 그림이다. 무엇이 보이는가? 힌트는 할머니의 코가 귀부인의 볼이라는 것이다.

토끼? 아니면 오리?

다음 그림은 토끼로 보이는가, 오리로 보이는가? 이것은 유명한 심리학자 조셉 야스트로우(Joseph Jastrow)가 1899년에 고안한 그림이다.

앞? 아니면 뒤?

아래의 펼쳐진 책은 앞을 향하는가, 아니면 뒤를 향하는가? 이 착시 그림에는 정답이 없다.

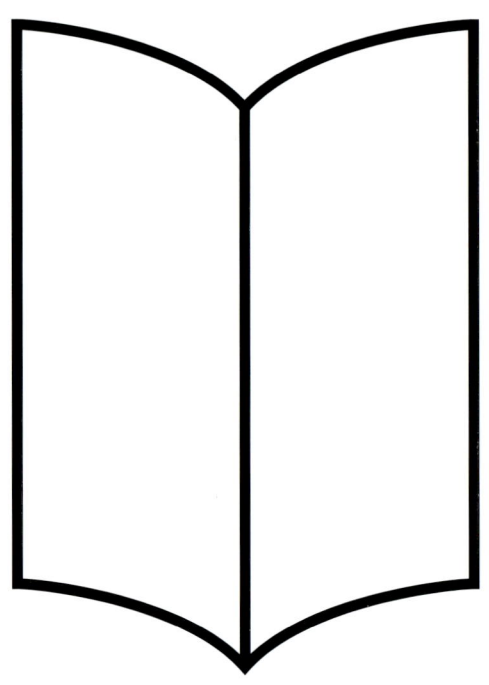

줄어드는 펜

shrinking pen

이것은 눈앞에서 펜이 줄어드는 착시 효과를 이용한 마술이다. 거울 앞에서 연습하면 대단히 멋지다는 것을 실감할 수 있다. 이 마술은 정면에서 봐야 가장 효과적이다. 파티에서 사람들에게 보여 주거나 마술쇼에 활용하면 좋다. 당신이 입고 있는 상의의 색깔과 펜의 색이 다르면 더욱 좋다.

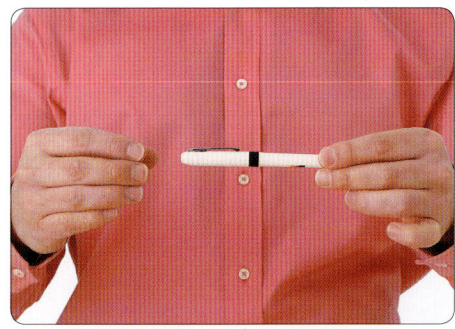

1 왼손으로 펜을 잡는다. 관객의 정면에서 펜의 3분의 1 아래 지점을 감싸듯 잡는다.

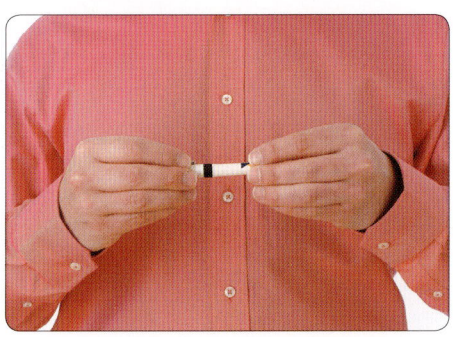

2 이제 펜을 오른손을 쥔다.

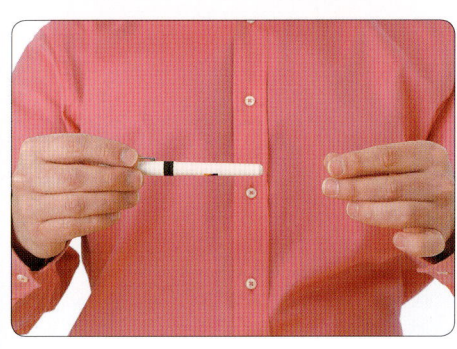

3 오른손도 왼손과 똑같은 모양으로 펜을 잡는다. 이렇게 펜을 이동하는 동작을 1초에 네 번 정도 반복하면 마치 펜이 줄어드는 것처럼 보인다.

떠 있는 소시지

floating sausage

이 마술은 입체화(stereogram)의 예로 널리 알려진 착시 효과를 이용한다. 이것은 두 개의 이미지가 뇌에서 잘못 인식되어 겹쳐지기 때문에 생긴다. 아래 사진에는 두 개의 실제 손가락 사이에서 제3의 유령 손가락이 떠 있는 것처럼 보인다.

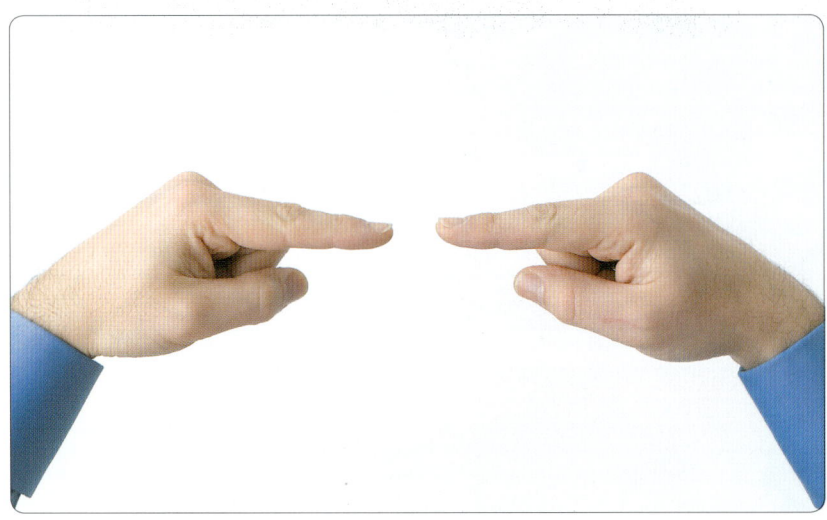

눈에서 20cm 떨어진 지점에서 양손의 검지가 1cm 정도 떨어진 채 마주보도록 한다. 이제 손가락을 쳐다보면서 두 손을 코끝으로 천천히 움직인다. 손가락 사이에서 소시지 모양이 떠 있는 것처럼 보일 것이다. 물론 실제로는 아무 것도 없다. 눈이 한 지점으로 모이면서 양쪽 손가락 끝이 거꾸로 되어 있는 모습을 보고 있는 것뿐이다. 따라서 두 개의 이미지가 겹치면서 소시지 같은 모양이 눈앞에 보이게 된다.

03 손바닥의 구멍

hole in hand

종이 또는 카드로 엑스레이 기계를 만들어 손 안을 들여다볼 수 있다. 손 가운데에 구멍이 뚫린 것처럼 보인다.

종이나 카드를 말아서 통 모양으로 만든다. 눈을 뜬 채 오른손으로 통을 쥐고 오른쪽 눈에 갖다 댄다. 왼손은 손바닥이 얼굴 쪽으로 오도록 하여 튜브 옆에 붙이면 손바닥에 구멍이 나타난다. 이것은 뇌가 두 개의 이미지를 혼동해서 하나의 합쳐진 이미지로 인식하는 착시의 또 다른 예이다.

병 속에 든 배

ship in a bottle

카드의 한쪽 면에 배를 그리고 다른 면에는 병을 그린다. 카드를 돌리면 마치 배가 병 속으로 들어간 것처럼 보인다. 이미지가 빠르게 움직이면서 그림을 보는 시간이 짧아지고, 이 둘의 이미지가 합쳐져 하나의 이미지가 만들어지는 것이다. 똑같은 방법으로 새장 속의 새나 어항에 담긴 금붕어로 응용할 수 있다.

1 7.5 × 5cm 크기의 종이와 펜, 구멍 뚫는 펀치, 고무줄 2개가 필요하다.

2 카드의 양쪽 끝부분 가운데 지점에 펀치로 구멍을 뚫는다.

3 사진처럼 구멍에 고무줄을 끼운다.

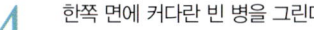

4 한쪽 면에 커다란 빈 병을 그린다.

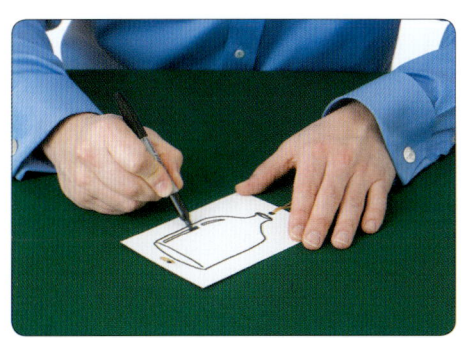

5 다른 면에는 배를 그린다. 종이의 가운데에 오도록 그려야 하고 병에 들어갈 정도로 작은 크기여야 한다. 빛에 비추어 보면 두 그림의 위치가 잘 맞는지 확인해 볼 수 있다.

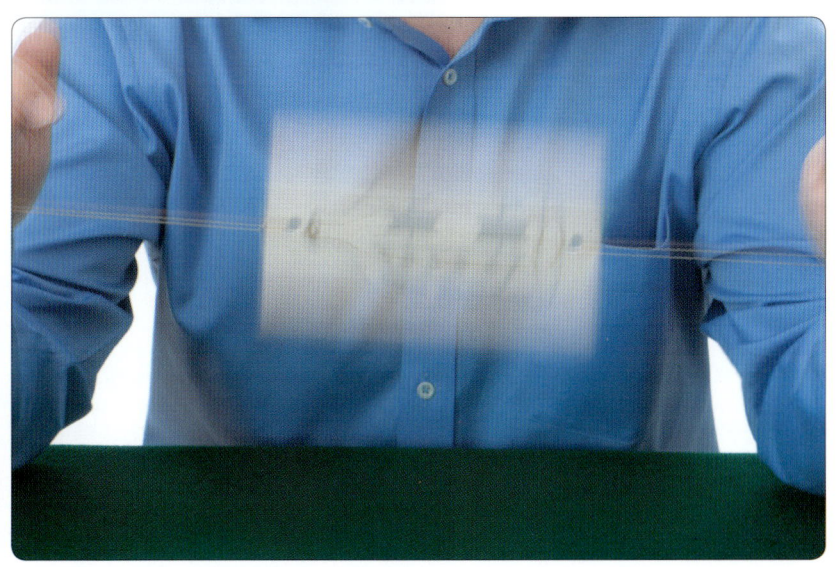

6 양손으로 고무줄을 잡고 옆으로 늘리기를 반복하면 종이가 재빨리 돌아간다. 이 모습이 관객에게는 배가 병에 들어간 것처럼 보인다.

에밀리 착시

Emily's Illusion

이것은 필자가 딸의 장난감을 가지고 놀다가 발견한 착시 효과이다. 눈이 사물을 인식하는 속도가 생각보다 느리다는 것을 알게 된다. 앞의 병에 든 배처럼 두 개의 이미지가 하나로 더해진다.

1   카드에 가로로 두꺼운 평행선을 그린다. 손끝으로 종이를 든다.

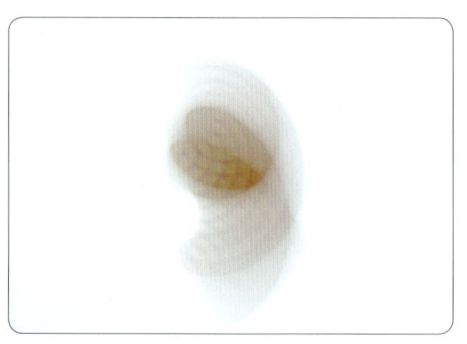

2   카드를 위로 던져 최대한 빠르게 돌게 만든다. 줄이 두 방향으로 움직이는 것처럼 보인다. 즉 평행선이 아니라 체크무늬가 카드에 그려진 것 같은 모습이다.

06 늘어나는 팔

stretching arm

한쪽 팔을 쭉 잡아당기면 신기하게도 팔이 늘어나는 것처럼 보인다. 물론 실제로 그런 것은 아니지만 놀라운 착시 효과가 나타나는 것이다. 움직임을 거꾸로 실시하면 팔이 본래 크기로 줄어든다.

1 이 착시 효과를 나타나게 하려면 긴 소매 셔츠를 입어야 한다. 몸의 왼쪽이 관객을 향하도록 선 채 왼팔을 앞으로 든다. 팔꿈치를 약간 굽히고 소매는 손을 약간 덮도록 한다.

2 오른손으로 왼쪽 손목을 당겨서 팔이 약간 펴지도록 한다. 소매는 원래 상태로 있지만 팔은 약간 앞으로 움직이는 것이다.

3 왼쪽 어깨를 약간 앞으로 움직이면서 그 동작을 반복한다.

줄어드는 새끼손가락

pinkie down

왼손 새끼손가락이 매우 작게 줄어드는 마술이다. 미국의 마술사 마이어 예디드(Meir Yedid)는 다섯 손가락이 모두 차례로 줄어들었다 사라지는 마술을 보여 주었다.

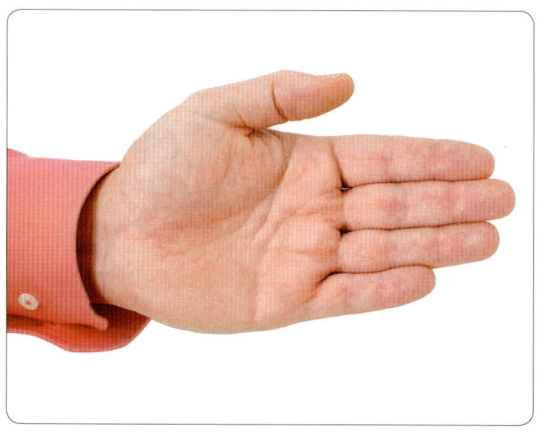

1 왼손이 관객을 향하도 록 쭉 편다.

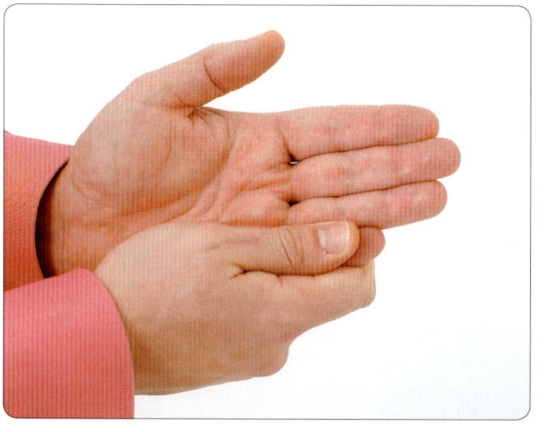

2 오른손 엄지로 새끼손 가락 맨 위쪽 6mm 정 도만 남기고 나머지 새 끼손가락은 전부 가린 다. 오른손의 나머지 손 가락은 왼손 손등을 감 싼다.

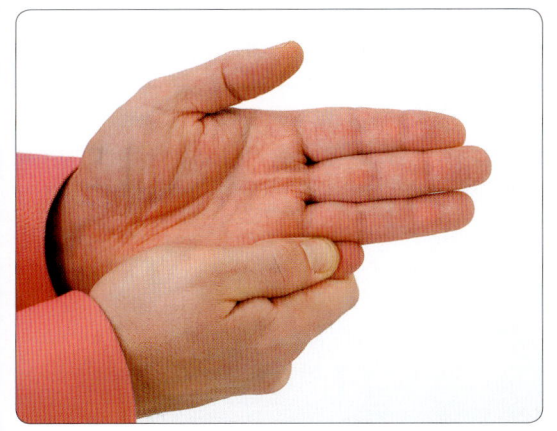

3 오른손 엄지를 아래로
미끄러지듯 내리면서
새끼손가락의 관절을
구부린다. 새끼손가락
은 구부러지기만 할 뿐
왼손의 나머지 손가락
들과 한 줄로 나란히 있
어야 한다. 오른손의 엄
지를 맨 아래까지 내린
다. 이 동작을 반복하면
새끼손가락이 커졌다
줄었다 하는 것처럼 보
인다.

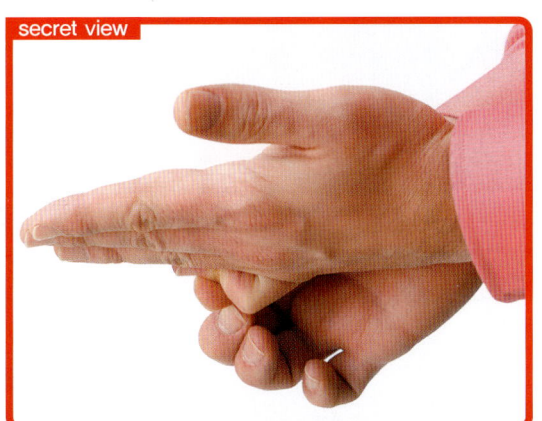

secret view

4 왼손의 뒤에서 바라본
모습이다.

늘어나는 손

thumb stretch

엄지를 윗니의 뒤에 댄 상태에서 두 배 길이로 엄지를 늘린다. 이 동작은 눈 깜짝할 사이에 이루어지며 엄지가 늘어난 모습은 0.5초 사이에 지나가도록 한다. 물론 관객은 마술사의 앞에 있어야 한다.

1 왼손 엄지를 입으로 가져가 윗니로 뒤에 붙인다.

2 왼손 엄지 대신에 오른손 엄지를 윗니 뒤에 댄다. 왼손 엄지는 오른손 주먹 아래에 끼워 넣는다.

3 이제 오른손 엄지를 쭉 펴는 동시에 아픈 시늉을 하며 왼손 엄지 역시 오른손 주먹에서 꺼내 마치 엄지가 길게 늘어나는 것 같은 착시 효과를 만든다. 모든 동작을 재빠르게 해야 관객에게 착시 효과를 줄 수 있다.

secret view

4 옆에서 본 모습이다. 동작을 반복해서 처음과 똑같은 모양으로 돌아가게 한 뒤 마무리한다.

사라진 엄지

thumb off

엄지를 돌려서 뺐다가 다시 끼운다. 이것은 오래된 역사를 자랑하는 마술이다. 아마 당신도 예전에 본 적이 있을 것이다. 흔해 보이는 마술이지만 제대로만 실행하면 멋진 착시 효과를 선보일 수 있다.

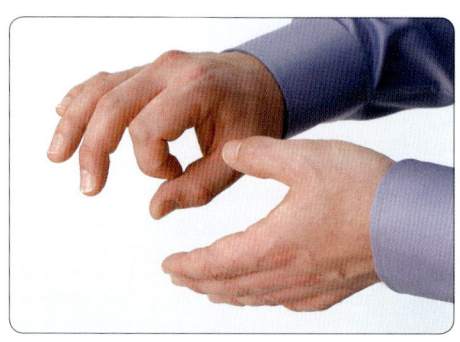

1 오른손 엄지와 검지로 동그라미를 만들어 그 안에 왼손 엄지를 넣는다.

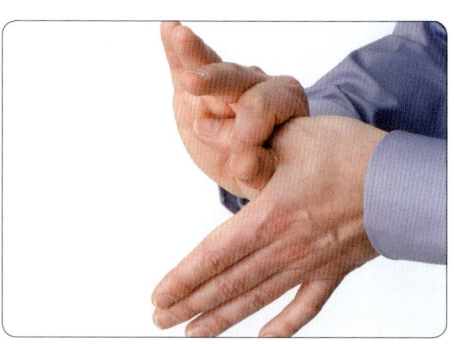

2 관객에게 엄지를 풀어서 빼 보겠다고 말하면서 왼손을 앞뒤로 비튼다.

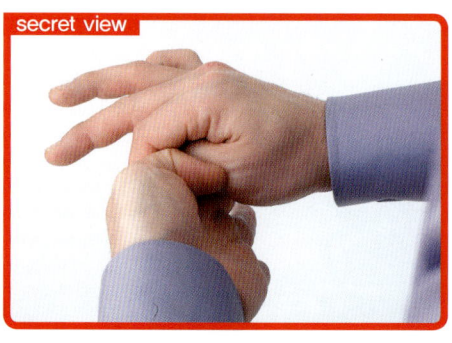

3 양손을 재빨리 흔들면서 왼손과 오른손의 엄지를 관객이 볼 수 없는 상태에서 구부려 서로 하나의 손가락처럼 보이도록 맞춘다. 그런 다음 사진처럼 오른손 검지를 이용해 양쪽 엄지가 만나는 부분을 가린다.

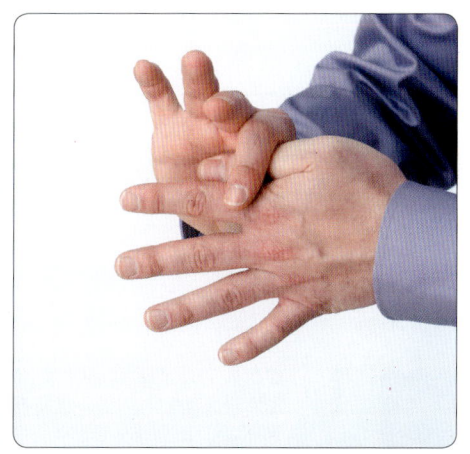

4 앞에서 보면 완벽하게 착시 효과가 나타난다. 오른손 엄지 끝부분을 흔든다. 관객은 그것이 왼손 엄지라고 생각할 것이다.

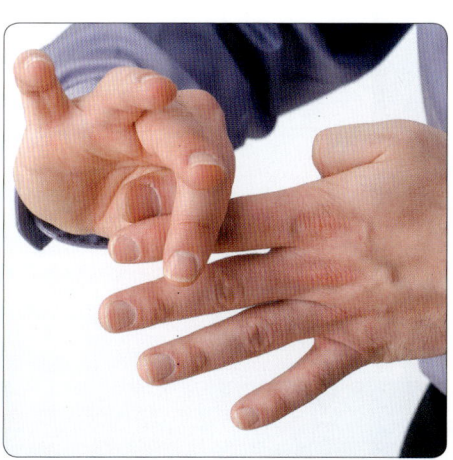

5 이제 왼손 검지를 따라 오른손을 미끄러지듯 움직이다가 다시 원위치 시킨다.

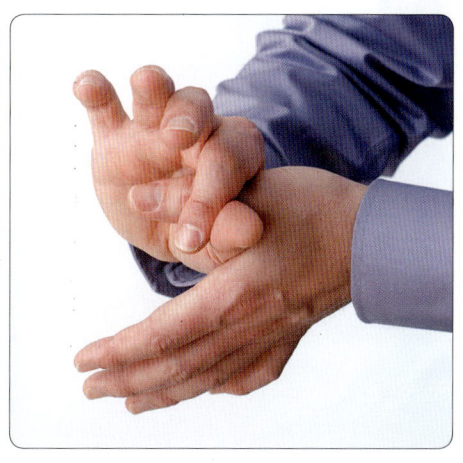

6 엄지를 돌려서 끼우는 척 하면서 양손을 빠르게 흔들어 2번처럼 손가락을 맞추는 연기를 한다.

종이 트릭

impossible!

마술사가 테이블에 잘려진 종이 한 장을 올려놓는다. 관객은 종이가 세 군데 잘린 상태에서 도대체 어떤 모양이 만들어질 수 있는지 추측할 수 없다. 이것은 관객들을 깜짝 놀라게 만드는 똑똑한 트릭이다.

1 12.5 × 7.5cm 크기의 카드를 세로로 반을 접는다. 가위로 한쪽 가장자리의 가운데에서 중앙의 접힌 부분까지 자른다. 그런 다음 카드를 뒤집어 첫 번째 자른 부분의 양쪽을 자른다.

2 종이의 오른쪽 부분을 잡고 왼쪽 절반 부분을 180° 비튼다.

3 그런 다음 가운데 부분을 접으면 놀라운 효과가 나타난다. 종이 한 장으로는 도저히 불가능해 보이는 모양이 만들어진다.

4 더욱 효과를 더하려면 빨간색 펜으로 가장자리를 두껍게 칠하고 중앙의 덮개를 열어서 틈 사이에도 경계선을 그린다.

5 완성된 모습이다. 이 상태로 사람들에게 보여 주면 된다.

11 부메랑 카드

boomerang cards

아래 사진과 같은 부메랑 모양의 종이 두 장을 나란히 놓는다. 하나가 다른 하나보다 분명히 길어 보이지만 둘을 움직이면 작은 종이는 커지고 큰 종이는 작아진다. 직접 해 보자.

1 사진처럼 카드 두 장을 똑같은 크기와 모양으로 자른다. 서로 다른 색깔을 사용해도 좋다.

2 짧은 변이 아래로 오도록 종이 한 장을 위에 올려놓는다. 아래쪽 종이가 커 보인다.

3 위에 있는 종이를 아래로 옮긴다. 놀랍게도 이제는 더 작게 보였던 종이가 더 커 보인다.

4 각 종이에 그림을 그린다. 카드가 아니라 그림에 초점이 향하게 된다.

5 천천히 카드의 위치를 바꾸면 바로 눈앞에서 종이의 크기가 변하는 것을 볼 수 있다.

12 사라진 우표

stamp it out

컵 아래에 놓인 우표가 빛의 굴절 현상으로 사라지는 것처럼 보이는 착시 현상이다. 직접 시험해 보면 얼마나 놀라운 효과인지 알 수 있다.

1 물이 담긴 작은 물병, 유리컵(길수록 좋다), 우표를 준비한다. 컵 아래에 우표를 놓는다.

2 천천히 컵에 물을 가득 따르면 우표가 사라진 것처럼 보인다.

3 위에서 내려다보면 우표가 그대로 보이므로 관객이 눈치채지 않게 하려면 물을 따른 후 접시로 컵을 덮어 둔다. 그러면 어느 각도에서도 우표가 보이지 않는다.

TIP

이것을 마술에 활용하고 싶다면 우표가 컵 바닥에 붙도록 우표에 양면 테이프를 붙여서 준비한다. 이렇게 하면 컵을 들어 올려도 우표가 보이지 않는다.

뒤바뀐 화살표

east meets west

종이에 그린 화살표의 방향이 저절로 변한다. 방법은 빛이 물에 닿으면 굴절되는 현상을 이용한 것이다. 빛의 굴절의 신비를 보여 주는 트릭이다.

1 카드를 반으로 접어 한쪽에 커다란 화살표를 그린다. 카드를 테이블에 세워 놓는다.

2 카드 앞에 유리컵을 놓는다. 유리컵 너머로 화살표가 보인다.

3 컵에 물을 따르면 화살표 방향이 바뀐다.

two in one

사진처럼 액체가 담긴 유리컵 두 개를 보여 준다. 관객에게 두 컵의 내용물을 한 컵으로 모을 수 있을지 물어 본다. 도저히 불가능해 보이지만 신기하게도 가능하다.

1 원뿔 모양의 똑같은 컵 두 개가 필요하다. 가장자리까지 액체를 채우고 그중 절반을 다른 잔에 넣는다. 이 두 유리컵에 담긴 액체는 이미 절반 이상이 따라져 있는 것처럼 보여 한곳에 넣는 것이 불가능해 보인다.

2 유리컵 중 하나를 들어 나머지 하나에 액체를 따른다.

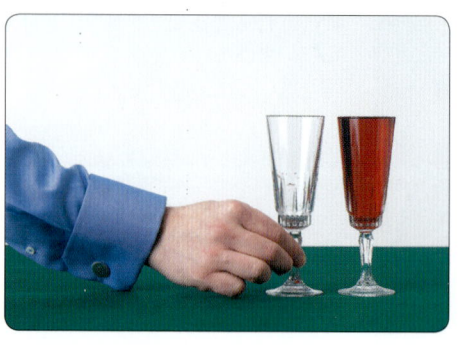

3 놀랍게도 전부 한곳에 들어간다. 이것은 컵이 원뿔 모양이기 때문에 일어나는 착시 효과이다. 윗부분이 넓기 때문에 좁은 아랫부분보다 훨씬 많은 양의 액체를 담을 수 있다.

15 높이와 둘레

height of failure

관객에게 컵의 둘레와 높이 중에서 어느 쪽이 긴지 물어본다. 이 착시 현상의 원리는 축구장을 떠올리면 쉽게 이해할 수 있다. 축구장은 곧바로 가로질러 달리는 것보다 가장자리를 빙 도는 것이 훨씬 멀다. 여기에도 같은 원리가 적용된다.

1 입구가 넓은 짧은 유리컵을 사용하면 효과적이다. 관객에게 "컵의 둘레와 높이 중 어느 쪽이 길까요?"라고 묻는다. 대부분 높이가 길다고 대답할 것이다.

2 상자나 책, 카드, 지갑 등에 컵을 올려놓고 높이 들어 올린다.

3 하나씩 물체를 더 쌓으면서 아까와 똑같은 질문을 던진다. "둘레와 높이 중 어느 쪽이 길까요?"

4 계속 물체를 쌓아도 관객은 여전히 높이가 더 길다고 생각할 것이다. 하지만 사실은 둘레가 조금 더 길다.

5 컵의 둘레를 실로 감고 손가락으로 길이를 표시한다.

6 그런 다음 실을 유리컵에 대고 길이를 비교해 관객들에게 보여준다.

16 퀸에 클립 끼우기

clip the Queen

카드를 뒤집어 든 채 관객에게 퀸에 클립을 끼우라고 한다. 하지만 예상과 달리 퀸에 클립을 제대로 끼우기는 힘들다. 트릭의 원리를 알아도 클립을 카드에 정확하게 끼우기 무척 힘들다. 준비물을 가방에 가지고 다니면서 사람들이 즉흥적으로 마술을 부탁할 때 유용하다.

1 사진과 같이 오래된 카드 5장을 촘촘하게 붙인다. 가운데는 퀸, 나머지는 도형이 그려진 카드여야 한다.

2 부채꼴로 된 카드를 윗면이 위로 오도록 들고 관객에게 퀸의 위치를 기억하라고 말한다. 관객에게 클립을 준다.

3 부채꼴 카드를 뒤집은 후 관객에게 퀸에 클립을 끼우라고 한다. 당연히 관객은 가운데에 있는 카드에 끼울 것이다.

4   부채꼴로 이어진 카드를 뒤집어 보면 클립이 퀸에서 멀리 떨어진 카드에 끼워져 있다.

5   전혀 다른 위치에 놓인 카드에 클립을 꽂아야만 퀸을 찾을 수 있지만 사람들은 처음에는 그 원리를 깨닫지 못한다.

17 줄어드는 지팡이

shrinking wand

마법의 지팡이가 줄어들어 완전히 사라진다. 그 지팡이는 조그만 성냥갑에서 나온다. 이것은 큰 쇼에 활용하면 좋은 트릭이다. 물체가 줄어들어 보이게 하는 원리는 무대 마술에서 착시 효과로 많이 활용된다.

1 성냥갑 바닥을 사각형으로 잘라서 준비한다. 바닥을 도로 성냥갑에 끼우고 왼쪽 주머니에 넣어 둔다.

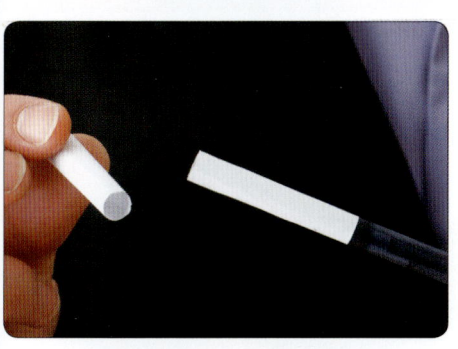

2 마술 지팡이의 한쪽 끝에 흰색 종이로 된 튜브를 끼워 넣는다. 이 튜브는 지팡이의 흰색 끝부분과 똑같은 길이어야 하고 쉽게 빠질 수 있을 정도로 헐렁해야 한다.

3 양손으로 지팡이의 끝을 잡는다. 이때 종이 튜브를 끼워둔 부분은 오른손으로 잡는다.

4 천천히 양손을 가까이 움직인다. 오른손 손가락으로 종이 튜브를 지팡이 가운데로 민다.

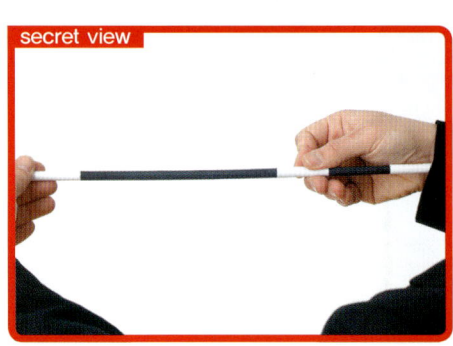

secret view

5 사진처럼 지팡이 끝부분이 소매로 들어가기 시작한다. 관객에게는 이 모습이 보이면 안 된다.

6 앞에서는 지팡이의 크기가 줄어드는 것처럼 보인다. 여기에 어울리는 표정을 지어 마술의 효과를 높인다.

secret view

7 지팡이가 줄어들면 손을 위아래로 흔들면서 몰래 지팡이 전체를 소매 안으로 밀어 넣는다. 양손을 위아래로 움직이는 동작이 크기 때문에 지팡이를 소매로 밀어 넣는 동작이 가려지게 된다.

8   양손을 펼쳐 지팡이가 사라지고 없음을 보여 준다.

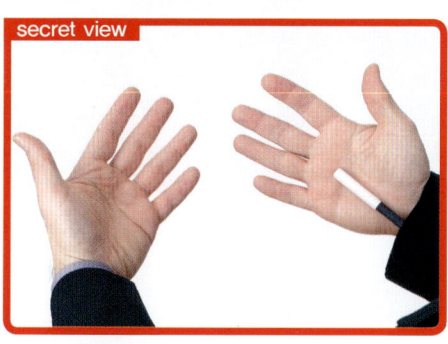

9   지팡이는 소매에 숨긴 상태이고 끝은 손에 가려 보이지 않는다.

10   이제 지팡이가 다시 나타나도록 해야 한다. 왼손으로 미리 준비한 성냥갑을 주머니에서 꺼내 보여 준다.

11   성냥갑을 오른손으로 옮기고 연다. 바닥의 구멍은 관객에게 보이지 않도록 가린 상태이다.

12 성냥갑의 뚫린 구멍에 지팡이 끝을 넣어 천천히 지팡이를 꺼낸다.

13 조그만 성냥갑에서 기다란 지팡이가 나오는 것처럼 연출하면 완벽한 착시 효과 마술이 완성된다.

용어 해설

다음은 마술사들이 흔히 사용하는 용어이다. 여기에서는 가장 일반적으로 사용되는 의미를 실었다.

글림스 glimpse
덱의 카드를 몰래 슬쩍 보는 것을 뜻한다.

기믹 gimmick
페이크(fake)라고도 한다. 마술을 성공시키기 위해 사용하는 비밀 도구이다. 보이지 않게 해야 하는 경우가 많다.

대사 patter
마술 동작에 따라오는 말이다. 미스디렉션에 중요한 도움을 준다.

덱 deck
카드 한 팩을 의미한다.

래핑 lapping
물체를 몰래 무릎에 떨어뜨리는 기술이다. 항상 테이블에서 사용해야 하는 기술이며 주로 물체를 사라지게 할 때 사용한다.

루틴 routine
시리즈처럼 이어지는 트릭이다.

매니퓰레이션 manipulation
수동적인 형태의 기술을 전부 가리킨다. 하지만 특히 카드를 나타나게 하는 것처럼 무대에서 선보이는 고난도의 손기술과 관련이 있다.

메소드 method
트릭의 비밀스러운 방법을 뜻한다.

미스디렉션 misdirection
관객의 머리나 마음을 특정 지점에 집중시켜서 비밀스러운 동작을 실시하는 것이다.

배니시 vanish
물체를 사라지게 만드는 것이다.

셔플 shuffle
카드를 잘 섞어 그 순서를 바꾸는 일이다.

손기술 sleight of hand
손으로 물체를 비밀스럽게 다루는 기술을 뜻한다. 대개 클로즈업 마술에 많이 사용되지만 큰 규모의 마술에도 사용된다.

스테이지 마술 stage magic
대규모 관객을 대상으로 무대에서 선보이는 마술로 크기가 큰 도구와 착시 효과를 활용한다.

슬라이드 slide
마술을 위해 물체를 옮기는 튜브이다.

슬리빙 sleeving
소매에 물체를 숨기는 것을 뜻한다.

실크 silk
실크 조각으로 접거나 뭉쳐서 쉽게 숨길 수 있다. 다양한 색깔과 크기로 나온다.

앞잡이 stooge
마술을 돕기 위해 관객으로 위장한 사람을 의미한다.

오버핸드 셔플 overhand shuffle
일반적인 셔플 방법의 하나로 셔플하기 위해 카드를 들 때마다 맨 위와 아래 카드를 꽉 쥐는 것이다. 이렇게 하면 선택된 카드가 맨 뒤에 놓이게 된다.

일루전 Illusion
일반적으로 대규모 관객을 위한 대규모 마술을 가리키는 용어이다.

착시 optical illusion
이미지가 왜곡되어 실제가 아닌 모습을 보게 되는 것이다. 착시 효과는 눈에 보이는 것을 믿지 않거나 잘못 해석하게 만든다.

카바레 마술 cabaret magic
스탠드업 마술로 일반적으로 수많은 관객들이 최소한 세 방향에서 관람한다.

클로즈업 마술 close-up magic
주변의 흔한 물체를 사용해 가까이에 있는 관객에게 시연하는 마술이다.

톤 앤 리스토어드 torn and restored, T&R
카드나 종이를 찢고 나서 원래 상태로 되돌리는 마술을 의미한다.

파밍 palming
손 안에 물체를 숨기는 것을 뜻한다.

펄스 셔플 false shuffle
한 장 이상 카드의 순서를 바뀌지 않도록 하는 셔플이다. 또한 특정한 카드를 덱의 다른 위치에 놓기 위해 사용하기도 한다.

포스 force
관객의 선택에 영향을 미치는 행동을 뜻한다. 관객은 그것이 자신의 의지에 따른 선택이라고 생각한다.

풀 pull
고무줄로 만든 기믹으로 물체를 당겨서 보이지 않게 만드는 것이다.

핀치 배니시 pinch vanish
물체를 손가락으로 집은 뒤 숨겨서 사라지게 만드는 기술이다.

감사의 말

필자는 이 책에서 소개한 모든 트릭에 영감을 불어넣어 준 사람들과 이 책이 완성되기까지 도움을 준 모든 이들에게 감사의 마음을 전하고자 한다. 존 앨런(John Allen), 에디 에이헌(Eddie Ahern), 마틴 가드너(Martin Gardner), 스캇 펜로즈(Scott Penrose), 밥 루미스(Bob Loomis), 앨리 봉고(Ali Bongo), 앤드루 머레이(Andrew Murray), 앨런 앨런(Alan Alan), 애덤 카이스너(Adam Keisner), 제임스 프리먼(James Freeman), 마이클 아마르(Michael Ammar), 베리 사피로(Barry Shapiro), 로이 리(Roy Lee), 제프 살먼(Jeff Salmon), 밥 리드(Bob Read), 톰 멀리카(Tom Mullica), 데이비드 햄블리(David Hambly), 배리 리처드슨(Barrie Richardson), 로버트 닐(Robert Neale), 데이비드 브리드랜드(David Bridland), 마틴 브리스(Martin Breese), 토미 원더(Tommy Wonder), 오스월드 래이(Oswald Rae), 앨런 색슨(Alan Shaxon), 피터 몬티컵(Peter Monticup), 슬라이디니, U. F. 그랜드, 매직 클럽, 블루 스타 NC 모두에게 사랑과 감사를 전한다.

마술 핸드북 4
클로즈업 마술&착시 마술

1판 1쇄 | 2011년 11월 10일
1판 3쇄 | 2016년 11월 30일
지 은 이 | 니콜라스 아인혼
옮 긴 이 | 정 지 현
발 행 인 | 김 인 태
발 행 처 | 삼호미디어
등   록 | 1993년 10월 12일 제21-494호
주   소 | 서울특별시 서초구 강남대로 545-21 거림빌딩 4층
         www.samhomedia.com
전   화 | (02)544-9456
팩   스 | (02)512-3593

ISBN 978-89-7849-450-2 (14690)
ISBN 978-89-7849-278-2 (세트)

Copyright 2011 by SAMHO MEDIA PUBLISHING CO.

이 도서의 국립중앙도서관 출판예정도서목록(CIP)은
서지정보유통지원시스템 홈페이지(http://seoji.nl.go.kr)와
국가자료공동목록시스템(http://www.nl.go.kr/kolisnet)에서
이용하실 수 있습니다. (CIP제어번호 : CIP2011004256)